Ute Hagehülsmann
Beratung und TA
Wie geht denn das?

Ute Hagehülsmann

Beratung und TA
Wie geht denn das?

Transaktionsanalyse
in Aktion II

Junfermann Verlag · Paderborn
1993

Satz: adrupa Paderborn
Druck: PDC – Paderborner Druck Centrum

CIP-Titelaufnahme der Deutschen Bibliothek
Hagehülsmann Ute:
Beratung und TA – Wie geht denn das: Transaktionsanalyse in Aktion II / Ute Hagehülsmann. –
Paderborn: Junfermann, 1993
ISBN 3-87387-106-8

ISBN 3-87387-106-8

Inhaltsverzeichnis

Ich danke Frau Doris Burke, Frau Susanne Claß und Frau Ursula Specht, daß sie mir ihre Examensarbeiten für die Prüfung als „Transaktionsanalytikerin im Anwendungsfeld Beratung" zur Verfügung gestellt haben. Karin Hohlfeld, unserer Institutssekretärin, danke ich für ihre unermüdliche (nicht nur Schreib-)Unterstützung und meinem Mann Heinrich für das „Miteinander wachsen" bei jedem Aufsatz oder Buch.

Vorbemerkung

Im Anwendungsbereich transaktionsanalytischer Beratung arbeiten Frauen und Männer gleicherweise. Wie ich durch die Beispiele in diesem Buch zeigen werde, sind jedoch viele Anwendungsbereiche besonders auch durch Frauen geprägt. Es ist deshalb keine Mißachtung von Frauen, wenn ich männlich geschlechtsspezifischen Ausdrucksformen nicht immer die gegengeschlechtlichen anfüge. Ich habe mich zum einen aus Gründen des Sprachflusses und zum anderen aus paritätischen Gründen entschieden, auch rein maskuline Schreibweisen zu benutzen.

Zur Einleitung eine Ortsbestimmung

Für Lehrer, Pfarrer, Organisationsberater, Erwachsenenbildner, Heimleiter, Krankenschwestern und Juristen (sowie viele andere mehr) ist die Begegnung und die Arbeit mit Menschen ein wichtiger Teil im Rahmen ihrer gesamten Tätigkeit. Unabhängig davon, ob sie erzieherisch, Wissen vermittelnd, beratend oder pflegerisch tätig sind, ist die Art und Weise des Dialoges, den sie mit den Menschen führen, die sich ihnen anvertrauen oder die ihnen anvertraut sind, ausschlaggebend dafür, ob die Arbeit fruchtbar ist.

Die Gestaltung dieses Dialoges durch die Verknüpfung von fachspezifischem mit transaktionsanalytischem Wissen hat sich dabei als hilfreich erwiesen. Sie hilft den Personen dieser Berufsgruppen, ihre Tätigkeit wirksamer zu gestalten.

Während ich in meinem Buch „Transaktionsanalyse: Wie geht denn das?" (1992)[1] die Anwendung der Transaktionsanalyse vornehmlich im Bereich der klinischen Psychologie und Psychotherapie dargestellt habe, möchte ich Ihnen in diesem Buch Beispiele aus dem Anwendungsfeld „Beratung" vorstellen und Ihnen zeigen, wie spannend und bereichernd die Arbeit mit Transaktionsanalyse in diesem Feld sein kann.

Denn die Theorien und Modelle der Transaktionsanalyse werden nicht nur in der Psychotherapie angewendet, sondern in verschiedenen Aufgabenfeldern, in denen die Begegnung mit Menschen im Zentrum der Arbeit steht. Dabei haben sich aus der Vielzahl aller möglichen Kombinationen neben der Psychotherapie die eigenständigen Anwendungsbereiche Beratung, Pädagogik und Organisation herausgebildet. Folglich können Personen, die in diesen Feldern arbeiten, ebenfalls eine entsprechende Zusatzausbildung in Transaktionsanalyse machen.

---

1 *Ute Hagehülsmann*, Transaktionsanalyse. Wie geht denn das? – Transaktionsanalyse in Aktion I. Paderborn: Junfermann, 1992

Auch in diesem Buch gehe ich von Situationen aus, die primär psychologischen und/oder pädagogischen Rat erfordern. Es gibt nämlich auch Beratungssituationen, wie z. B. die Schuldnerberatung, die eine andere Thematik zum Inhalt haben und psychologische oder pädagogische Themen nur am Rande streifen. Zwar kann auch hier transaktionsanalytisches Wissen eingesetzt werden, ich will diese Themen jedoch nicht behandeln.

Außerdem werde ich in diesem Band nicht noch einmal ausführlich auf die Theorie der Transaktionsanalyse eingehen, die bereits im Band 1 dargestellt wurde, sondern nur entsprechend verweisen. Zu kurzen theoretischen Exkursen werde ich Sie als Leser jedoch an jenen Stellen einladen, wo Theorieelemente zur Erklärung der beschriebenen Beispiele notwendig werden, die im ersten Band nicht beschrieben wurden.

Was ist transaktionsanalytische Beratung?

In einer Beratung unterstützt eine Person mit Kompetenz für ein bestimmtes Gebiet eine oder mehrere Ratsuchende darin, einen Weg zu finden oder eine Entscheidung zu treffen, die gleicherweise der realen Situation angemessen ist und den individuellen Gegebenheiten Rechnung trägt. Auch eine psychologische Beratung folgt diesem Kontext.

Personen, die Rat für ein Problem mit sich und/oder anderen Menschen suchen, die den Weg aus einer Persönlichkeitskrise herausfinden wollen oder Orientierung für sich in dieser Welt und mit den Personen ihres Umfeldes wünschen, kommen zu einer Person mit psychologischer Kompetenz und beginnen einen gemeinsamen Beratungsprozeß. Dabei werden die Probleme als erstes genauer hinsichtlich Art und Umfang definiert. Zudem beleuchtet der Berater mit dem Ratsuchenden gemeinsam, welche Bedeutungen oder Auswirkungen das Problem für die betreffende Person hat und wie sie sich damit fühlt. Es werden Änderungsmöglichkeiten benannt und hinsichtlich der Brauchbarkeit bewertet. Schließlich bespricht der Berater mit dem Ratsuchenden, für welchen Weg der Problemlösung er sich entscheiden will. Dabei werden dann Konflikte gelöst und/oder Entscheidungen getroffen.

Dieser gesamte Prozeß regt zum Wachstum einer Person an. Dies besteht in der Weiterentwicklung jener Fähigkeiten, die immer wieder neu helfen, Probleme zu lösen oder Bedürfnisse zu befriedigen und dabei ein inneres Gleichgewicht, d. h. ein Wohlfühlen mit sich selbst, (wieder-)herzustellen. Zu diesen Fähigkeiten gehören u. a. die Bewußtheit für das, was in mir und um mich herum vorgeht, das ungetrübte Wahrnehmen (i.S.v. Trübungen; Bd. I, S. 41), das Denken über die Wahrnehmungen, die Fähigkeit zur offenen und direkten Kommunikation sowie die damit verbundene Möglichkeit, Streicheln (s. Bd. I, S. 53) zu geben und zu nehmen. Zu diesem so definierten Wachstum gehört es auch, alte, nicht mehr angemessene Denk-, Fühl- und

Verhaltensmuster loszulassen (selbst wenn das manchmal traurig oder ängstlich macht) und neue Wege zu probieren.

Der Berater unterstützt dieses Wachstum durch eine Vielzahl von Interventionen aus dem „Handwerkszeug" der Transaktionsanalyse oder auch mittels Konzepten aus anderen beratenden Ansätzen, wie z. B. den Theorien sozialen Lernens, der personenzentrierten Gesprächsführung und/oder den Kommunikationstheorien.

Einerseits wirkt dabei die Art und Weise, wie Berater insgesamt Probleme ansehen, erfragen oder auch bewerten, als neues Modell für eine ratsuchende Person und kann diese anregen, ihrerseits neues Problemlösungsverhalten zu erproben, dabei neue Erfahrungen mit den eigenen Fähigkeiten zu machen und so eine Veränderung ihres Selbstbewußtseins zu erleben. Andererseits kann ein Klient in einem Beratungsprozeß neue Erfahrungen dadurch machen, daß er sich anvertraut und angenommen wird. Das bedeutet auch, daß er sich mit seinen dunklen Seiten zeigen und dabei Rat und Hilfe holen darf. Und tatsächlich ist die Begegnung und das Angenommensein häufig zunächst viel wichtiger als das Herausarbeiten von Lösungswegen oder Einstellungsänderungen. Das heißt, primär stellt die Beziehung zwischen Beratern und Klienten den Nährboden und das Klima her, in dem Wachstum geschehen kann, unabhängig davon, ob das Ziel der Beratung darin besteht, einen Ausweg aus einer Krise zu finden oder die Fähigkeiten zur Mitarbeiterführung weiterzuentwickeln.

Die Transaktionsanalyse basiert auf einer Sicht vom Menschen und menschlichem Miteinander, die es erleichtert, diese Beziehung „fruchtbar" zu machen. Denn der Grundgedanke der Gleichwertigkeit aller Menschen fördert einen partnerschaftlichen Prozeß des Suchens zwischen Beratern und Klienten. Die weitere Grundannahme, daß alle Menschen über Fähigkeiten verfügen, ihre Probleme zu lösen und für sich selbst verantwortlich sein zu können, kommt dem beraterischen Anliegen entgegen, die Stärken und Kräfte des Klienten zu aktivieren. Beide Ideen bewirken außerdem eine Haltung des Beraters, die es erleichtert, individuelle, auf die Person zentrierte Lösungswege zu finden, anstatt sich an eigenen (Wert-)vorstellungen zu orientieren.

Das transaktionsanalytische Persönlichkeitsmodell der Ich-Zustände sowie die Kommunikationsmodelle von Transaktionen und Spielen eignen sich sowohl für die Darstellung innerer Strukturen als auch zur Erklärung und Veränderung von Konflikten innerhalb einer Person (s. Innerer Dialog Bd. I, S. 38) bzw. zwischen der Innen- und Außenwelt. Daneben sind andere Konzepte wie die Skript- oder die Symbiosetheorie gut zu nutzen, um solche Einstellungen und Verhaltensweisen zu verstehen, mit denen sich Menschen daran hindern, Ziele zu erreichen oder Ideen und neue Entscheidungen in die Tat umzusetzen. Bei alledem lädt die Verständlichkeit und „leichte Eingängigkeit" von Sprache und Modellen die Klienten ein, die „Werkzeuge der Beratung" selbst anzuwenden und sich so unabhängiger vom Berater zu machen. (Daß in diesem Sachverhalt auch eine Verführung zur Oberflächlichkeit liegen kann, habe ich bereits im ersten Band entsprechend dargestellt. Ich werde auch in diesem Buch auf entsprechende Gefahren hinweisen.)

Zudem lädt auch die Gestaltung der beraterischen Beziehung zur Selbstbestimmung und Eigenverantwortlichkeit ein. Dabei ist besonders die Anwendung von und der Umgang mit Verträgen zur Zielorientierung zu nennen.

Entsprechend der Vielfalt psychologischer Fragestellungen, die in einzelnen Menschen nach Klärung, Auseinandersetzung und Beratung verlangen, gibt es auch eine Vielzahl von Beratungsangeboten. Schüler und junge Erwachsene z. B. suchen Hilfe, weil sie sich zwischen Elternhaus und Freunden orientierungslos fühlen (Erziehungs- und Jugendberatungsstelle), oder weil sie „anecken" und manchmal sogar straffällig werden (Straffälligenhilfe). Oder Frauen brauchen Hilfe, weil sie sich durch die traditionelle Frauenrolle ausgelaugt und zermürbt fühlen (Mütter-Kurheim), oder Lebenskrisen, wie z. B. Tod von Angehörigen oder Scheidung müssen bewältigt werden (Trauerbegleitung in der Familienbildungsstätte). Und Beratung wird schließlich auch in Anspruch genommen, um eigene Stärken zu erkennen und Fähigkeiten auszubauen (Coaching in Organisationen) oder einen spirituellen Weg (Beratungsaufgabe der Kirchen) zu finden.

Einen „Spezialfall" dieser Vielfalt stellen die psychologischen Beraterinnen in einer freien Praxis dar[2]. Zu ihnen kommen Klienten mit sehr unterschiedlichen Problemen, die vom Gefühl des Unbehagens über eine notwendige Konfliktlösung bis zur Lebenskrise reichen, die deutlich werden läßt, daß es „so" nicht mehr weitergehen kann. Noch differenzierter als bei den zuvor genannten, eher themenorientierten Beratungen muß die Beraterin hier mit jedem Klienten sein Anliegen herausfinden und ihrerseits dazu Stellung nehmen, in welcher Weise und wieweit transaktionsanalytische Beratung dazu beitragen kann, dieses Anliegen zu befriedigen.

Um dieser, in keiner Weise umfassend dargestellten Vielfalt Rechnung zu tragen, verbinden Berater häufig ihr spezielles Fachwissen mit transaktionsanalytischem Wissen[3]. Z. B. kann eine Sozialwissenschaftlerin, die im Mütter-Kurheim arbeitet, Erkenntnisse der Erwachsenenbildung in Kombination mit Transaktionsanalyse nutzen, um den Beratungsprozeß zu strukturieren. Ein Seelsorger wird bei bestimmten Aufgaben Theologie und Transaktionsanalyse verbinden, und ein Berater, der Coaching in einer Organisation durchführt, läßt sein Wissen über Organisationsentwicklung und Führungsstile in transaktionsanalytisches Arbeiten einfließen.

Häufig arbeiten Berater in bestimmten Einrichtungen, wie z. B. Heimen, Schulen, Organisationen und Industriebetrieben, in der Kirche oder in den Einrichtungen der Wohlfahrtsverbände. Dann ergeben sich durch die Ziele der jeweiligen Institution

---

2 Ich wähle hier den weiblichen Begriff, weil diese Arbeitsform überwiegend von Frauen gewählt wird.

3 Für „transaktionsanalytisches Wissen" können auch andere Theorien oder Methoden eingesetzt werden, die in Beratungsprozessen wirksam angewendet werden, wie z. B. Gesprächspsychotherapie oder die Themenzentrierte Interaktion.

zum einen eine Auswahl der jeweiligen Klientel, welches das Beratungsangebot wahrnimmt, und zum anderen auch bestimmte thematische Gesichtspunkte, die die Auswahl der besprochenen Themen mitbestimmen. Darüber hinaus ist dann auch die „Institution" der Auftraggeber für den Berater und nicht der Klient selbst. Es entsteht so ein „Dreiecksverhältnis", dem durch den sogenannnten „Dreiecksvertrag" – wie ich es später zeigen werde – Rechnung getragen werden muß.

Die Arbeit in allen Beratungsbereichen überschneidet sich zudem häufig mit psychotherapeutischer Arbeit, sowohl hinsichtlich des Inhalts als auch hinsichtlich der Methode. Der Unterschied zwischen Therapie und Beratung wird dabei zum einen durch die Fragestellung der ratsuchenden Person bestimmt und zum anderen durch das Ziel, die Vorgehensweisen und Methoden.

Betrachten wir das Beispiel einer Frau im Mütter-Kurheim, die sich in der Rolle der immer Leidenden erlebt und sich und die Beraterin fragt, wie sie diese Rolle überwinden kann. Aus dieser Fragestellung ergibt sich das Ziel: Sie will sich selbstbestimmt statt als „Opfer" (Bd. 1, S.66) verhalten. Im Prozeß wird die Beraterin deswegen mit ihr Beispiele besprechen, in denen sie sich als „Opfer" verhält. Sie wird die Klientin ermutigen, Gedanken zu diesen Situationen auszusprechen und auch Gefühle zu spüren und zu äußern, die mit dem jeweiligen Prozeß verbunden sind. Durch Ermutigung zu Bildern, in denen sie sich „anders" sieht, kann die Klientin dann neue Fähigkeiten und Stärken erleben.

Die Methoden, die die Beraterin dabei wählt, sind häufig die gleichen wie in der Anfangsphase von Psychotherapie, z. B. Enttrübung, das Zuordnen einzelner Verhaltensweisen zu bestimmten Ich-Zuständen oder das Erläutern eines Kommunikationsablaufs durch das Dramadreieck. In der Ermutigung von Fähigkeiten und Stärken des Klienten ist der Blick in der Beratung aber eher „nach vorn" (anstatt auf die Heilung alter Wunden) gerichtet: es werden Antworten darauf gefunden, wohin „der Weg" gehen soll, und man zentriert sich darauf, Barrieren, die dem

Weg entgegenstehen, zu beseitigen. So werden beispielsweise die inneren Dialoge, durch die die Klientin sich verbietet, ihre Wünsche durchzusetzen, in zukunftsorientierte Erlaubnisse umgewandelt, anstatt die alten „Verbote" aufzuarbeiten.

Manchmal allerdings, vor allem, wenn der Klient das beabsichtigte neue Denken, Handeln oder Fühlen nicht verwirklichen kann, blicken auch Berater und Klient auf „das Kind von damals". Häufig hilft nämlich gerade das Verständnis für „dieses Kind", im Hier und Jetzt eine Veränderung herbeizuführen. Dabei könnte die Frau im Mütter-Kurheim z. B. sehen, daß ihr Vater sich ihr als Kind vor allem dann zuwandte, wenn sie weinte und traurig war. Und vielleicht kann sie durch diese Rückschau auch ihre heutige abhängige, passive Haltung als „Opfer" verstehen und aus dem Verstehen heraus verändern.

Das Ziel in der Psychotherapie besteht dagegen im Überwinden von „alten", aus der eigenen Geschichte stammenden Einschränkungen und aus der Aussöhnung mit sich selbst, im weitesten Sinne also in der Heilung vielfältiger Verletzungen der Persönlichkeit.

Dabei beginnt man allerdings in einer Therapie häufig ebenso wie in der Beratung damit, Alltagsprobleme zu besprechen und Verhaltensmuster im Hier und Jetzt zu verändern. Oft wird jedoch bereits zu Anfang oder sehr früh im Klärungsprozeß der „Blick zurück" in die eigene Biographie notwendig, damit der Klient (z. B. durch eine Veränderung der Inhalte seiner Ich-Zustände) ein stabileres Fundament seiner Persönlichkeit schaffen und auf dieser Grundlage eine Lösung erarbeiten kann. Nehmen wir beispielsweise einen Klienten, der sich mit jenen Inhalten seines Eltern-Ich-Zustandes und Kind-Ich-Zustandes auseinanderzusetzen hat, die seine heutigen Einschränkungen bewirken.[4] Durch „sogenannte" gefühlsaktivierende Methoden erlebt er sich so klein wie „damals", spürt alte Gefühle und drückt sie aus.

---

4 Wie bereits in Band I, beschreibe ich hier die Vorgehensweise jener TransaktionsanalytikerInnen, die eher tiefenpsychologisch arbeiten, und nicht jene KollegInnen, die einen eher systemischen Ansatz bevorzugen.

Und im Erleben des Alten kann er sich dann neu beachtet, wiedergespiegelt und angenommen empfinden und diese „korrigierende“ Erfahrung in seine Person aufnehmen. Als Folge muß er dann „neues“ Verhalten nicht mehr gegen „alte“ Impulse aus seinem Kind-Ich-Zustand „durchsetzen“. Dabei wird gerade dieses korrigierende Wiedererleben im Prozeß einer tiefenpsychologisch orientierten Therapie immer wieder angestrebt, um dem Ziel von Heilung im Sinne von „Basis schaffen“ näherzukommen.

Im Rahmen dieses Gesamtprozesses „Heilung“ sind die durchzuarbeitenden Skriptanteile meistens nicht nur zahlreich, sondern häufig auch miteinander verwoben. Es tauchen neue, vorher nicht sichtbare Probleme auf, oder aber ein bestimmtes Problem schillert plötzlich in verschiedenen Facetten. Erst das Erkennen der Zusammenhänge in dieser „Landschaft der Persönlichkeit“, die Überwindung der in ihr enthaltenen Einschränkungen für ein selbstbestimmtes Leben durch die oben ausgesprochenen Methoden und das Erschließen solcher Bereiche dieser Landschaft, die man vorher vielleicht nicht sehen wollte, bewirken die Stabilität, die durch Therapie angestrebt wird und die Heilung bedeutet.

Beratung dagegen konzentriert sich auf bestimmte, klar umrissene Probleme – innerhalb dieser Metapher „Landschaft der Persönlichkeit“ gesehen, sozusagen auf die „Berggipfel dieser Landschaft, die vielleicht noch im Nebel liegen, oder einen See, der über das Ufer tritt“. Dabei kann es auch im Beratungszusammenhang zu einem spontanen Wiedererleben alter Erfahrungen kommen, es wird dies jedoch weder angesteuert noch forciert. Ebenso kann es im akzeptierenden, sorgenden Prozeß der Beratung auch zu einer „korrigierenden“ Erfahrung und damit zu Auswirkungen auf die gesamte „Landschaft“ einer Person kommen. Aber auch diese Einflüsse sind nicht das primäre Ziel einer Beratung. Primäre Ziele sind vielmehr die Lösung eines Problems, das Treffen einer Entscheidung, das Finden einer Richtung und vor allem die Entwicklung einer Bewußtheit für die eigenen Fähigkeiten und Stärken in bezug auf klar definierbare, im Hier und Jetzt des Alltags auftretende Problembereiche. Mit anderen Worten: Wenn Menschen keine Veränderung an der Basis, sondern eine gezielte, relativ rasche Wachstumshilfe suchen, das heißt also, keine „pychotherapeutischen Prozesse" notwendig sind, dann gibt (themenzentrierte) psychologische Beratung diese notwendige Hilfe. Trotzdem wird die Beratungserfahrung für den Klienten häufig genug zum Beginn einer Entwicklung, durch die er seine eigenen Fähigkeiten und auch seine Fähigkeiten zur Veränderung immer mehr in Besitz nimmt. D. h., Beratung wird dann im wahrsten Sinne des Wortes zum „Stein des Anstoßes" für jenen zuvor erörterten Heilungsprozeß.[5]

Die Kunst oder besondere Fähigkeit der BeraterInnen besteht dabei darin, ihr spezifisches Fachwissen und die detaillierten Kenntnisse von den besonderen Bedürfnissen ihres Klientels dazu zu benutzen, genau jene genannten transaktionsanalytischen Modelle heranzuziehen und angemessen anzuwenden, mit denen sie im Rahmen der gegebenen Bedingungen – manchmal ist die Beratungsdauer ja organisationsbedingt nur sehr kurz – erfolgreiche Hilfe leisten können.

---

5 Und manchmal wird gerade durch Beratungssituationen deutlich, daß die Verletzungen von Menschen so vielfältig und tiefgreifend sind, daß über die Klärung spezifischer Fragestellungen hinaus für ihre Heilung Psychotherapie angezeigt wäre. Dann hat Beratung eine wegweisende oder sogar weichenstellende Funktion.

Transaktionsanalytische Beratung im Mütter-Kurheim[6]

Ursula S., Diplom-Sozialwissenschaftlerin mit dem Schwerpunkt Erwachsenenbildung, arbeitet in einem Mütter-Kurheim und ist dort für die psychosoziale Beratung der Kurteilnehmerinnen und ihrer Kinder zuständig. Als „psychosozial" bezeichnet sie ihre Arbeit, um zu betonen, daß die Lebensgeschichte von Menschen nicht nur durch individuelles Erleben, sondern auch durch soziale Beeinträchtigungen (wie z. B. Arbeitslosigkeit) entscheidend geprägt wird. Dementsprechend berücksichtigt sie in ihren Beratungen nicht nur die persönlich-psychologischen Bedingungen, sondern auch das soziale Umfeld der Frauen, und vermittelt neben der psychologischen oder pädagogischen Beratung manchmal konkrete Hilfen, wie z. B. eine finanzielle Überbrückung durch die Heimleitung.

Ursula S. führt Einzelberatungen durch, die die Teilnehmerinnen während ihres vierwöchigen Kuraufenthaltes, je nach Dringlichkeit und Problemstellung, ein bis sieben- mal in Anspruch nehmen können. Dazu kommt ein wöchentlicher Gruppenabend, bei dem sie zur Auseinandersetzung mit bestimmten Themen, wie z. B. Kindererziehung oder Bewältigung von Trennungserlebnissen, anregt. Zusätzlich bietet sie Entspannungstraining an.

Ihre Klientinnen, die Kurteilnehmerinnen, sind erschöpfte, ausgelaugte, mutlose und kranke Frauen, die zusammen mit ihren Kindern aufgrund einer medizinischen Diagnose durch einen Arzt in die Kur vermittelt werden. (Dazu „brauchen" die Kostenträger eine medizinische Begründung bzw. Diagnose, um die Teilnahme an der Kur zu genehmigen.) Bei den Zuweisungsgründen wird bereits häufig der psychische bzw. psychosomati-

6 Das folgende Kapitel fußt auf den TA-Examensarbeiten der im Text genannten Beraterinnen, Frau Ursula Specht und Frau Susanne C..

sche Hintergrund der Kurnotwendigkeit deutlich: Es werden z. B. Erschöpfungszustände, Verspannungen im Schulter- und Armbereich, Schlafstörungen und Gewichtsprobleme genannt. Für die Kinder werden oftmals direkt psychische Probleme angegeben, wie z. B. Aggressivität oder Nervosität oder aber Erkrankungen mit (möglichen) psychosomatischen Anteilen wie Asthma oder Allergien.

Allgemeines Ziel der Kur ist, daß sich Frauen und Kinder körperlich und psychisch erholen, daß sie neue Kraft schöpfen und Möglichkeiten herausfinden, ihren Alltag streßfreier und gesünder zu meistern. Dieses Ziel soll durch eine ganzheitliche Betreuung der Teilnehmerinnen erreicht werden, in die medizinische und physikalische Therapieangebote wie Massagen und Bäder, Tanz und Gymnastik ebenso integriert sind wie Anleitungen zu kreativem Tun und das breite psychosoziale Beratungsangebot. Durch letzteres können die Frauen beispielsweise Unterstützung bei akuten und latenten Problem- und Krisensituationen erfahren, oder sie beginnen, sich für die Veränderung bestimmter Lebenssituationen zu interessieren. Aufgrund von Vorurteilen („Ich bin doch nicht verrückt."), Ängsten oder Passivität nutzte dementsprechend anfangs auch nur ein Drittel aller Kursteilnehmerinnen das Angebot, während es heute mehr als die Hälfte sind.

Die Frauen, die die Beratung aufsuchen, erleben häufig erstmalig in ihrem Leben eine solche Situation und sind entsprechend verunsichert. Ihre Vorstellungen sind durch Informationen aus Zeitschriften und Fernsehsendungen geprägt und führen zu unrealistischen (getrübten) Erwartungen und Wünschen, wie z. B. eine „Briefkastentante" anzutreffen, die für alles Rat weiß. Ursula S. stellt sich auf diese Gegebenheiten ebenso ein wie auf den Bildungsstand und die Persönlichkeitsstruktur der Frauen, die häufig aus der sogenannten Unterschicht stammen.

Viele dieser Frauen fühlen sich in der Bewältigung ihres Lebens hilflos, da sie nur unzureichende Muster der Problemlösung erlernt haben (z. B. zu schlagen, wenn das Kind schreit, gleichzeitig aber zu fühlen, daß das Kind leidet). Häufig entspringen Fragen nach Kindererziehung oder nach dem Umgang mit Geld einem konkreten Wissensdefizit. Die meisten Kurteilnehmerinnen sorgen wenig für sich, und ihr Selbstwertgefühl ist kaum ausgeprägt.

H. Wyckhoff, eine amerikanische Transaktionsanalytikerin, beschreibt das Skript (s. Bd. I, S. 101) dieser Frauen dahingehend, daß sie anderen Wärme und Fürsorge angedeihen lassen, nur sich selber ausnehmen. Da sie sich für unwichtig halten, geben sie selber mehr als sie bekommen und empfinden das als Selbstverständlichkeit. Ihren Wert finden sie nur in einer symbiotischen Grundhaltung. Häufig pendeln sie daher zwischen einer Retter- und einer Opferhaltung hin und her und erleben sich ihrem Schicksal (oft auch ihrem Ehepartner) ausgeliefert.

Neben diesen besonderen Persönlichkeitsmerkmalen muß auch die kurze Dauer des nur vierwöchigen Kuraufenthaltes in der Planung der Beratung besonders berücksichtigt werden. Ursula S. trägt diesen Gegebenheiten Rechnung, indem sie Schwerpunkte setzt und bestimmte Methoden auswählt. Mit viel „Fingerspitzengefühl" regt sie „machbare" Veränderungsprozesse an. Das heißt, sie ermutigt zu kleinen Schritten, die, erfolgreich gegangen, stabilisierend wirken und zum „Weitergehen" anregen.

Neben der Erarbeitung von Verhaltens- und Haltungsänderungen während der Kurzeit eröffnet sie häufig „nur" neue Sichtweisen. Wenn z. B. Frauen, die bislang ihren Ehemann für die eigene Situation verantwortlich gemacht haben, durch das Modell des Drama-Dreiecks erkennen, daß sie persönliche Anteile an der unbefriedigenden Ehesituation haben, so ist ein neuer Bewußtseinsprozeß in Gang gesetzt worden. Wenn sie eine erste „Ahnung" von eigenen Gestaltungsmöglichkeiten ihrer Lebensbedingungen haben, ist eine wichtige Tür geöffnet worden. Ebenso häufig erfahren die Frauen, indem sie von sich sprechen können und sich dabei angenommen fühlen, erstmalig ein Gefühl von Selbstwert. Diese – manchmal zaghaften – Schritte auf dem Weg der Selbstbestimmung können richtungsweisend sein.

Gemessen an der bislang kaum oder gar nicht erlebten Autonomie sind sie sogar ein großer Schritt.

In der Kürze der zur Verfügung stehehenden Zeit wählt Ursula S. für die Arbeit die folgenden inhaltlichen Schwerpunkte:

- *Neugier und Mut*
  Sie weckt die Neugierde, etwas über sich selbst zu erfahren, macht Mut zur Selbstbestimmung und vermittelt, daß das Leben außer Last auch noch andere Inhalte haben kann. D. h., sie stimuliert kreative Kräfte in der Kind- und Erwachsenenhaltung der Klientinnen.

- *Informationen*
  Sie wendet sich an die Erwachsenen-Ich-Haltung ihrer Klientinnen, um Informationen über innere und äußere psychische Vorgänge zu geben, konstruktive Konfliktlösungsmöglichkeiten zu finden, über finanzielle Hilfen zu sprechen und über weitere Beratungsmöglichkeiten am Heimatort, Frauenhäuser oder andere Organisationen zu informieren.

- *Erlaubnisse*
  Aus ihrer fürsorglichen Eltern-Ich-Haltung gibt sie ermutigende Erlaubnisse an die Teilnehmerinnen, wie z. B.: „Sie dürfen sich ausruhen und die Kur genießen."

- *Normen und Werte*
  Manchmal setzt sie aus dem positiv kritischen Anteil ihrer Eltern-Ich-Haltung neue Normen oder Werte, wie z. B.: „Es ist nicht richtig, Kinder zu schlagen."

Um das Denken und die Selbstverantwortlichkeit ihrer Frauen zu fördern, schließt Ursula S. mit ihnen sogenannte „Kurzzeitverhaltensverträge" ab, z. B.: „Ich will die Kur genießen, auch wenn mein Mann sich (telefonisch) beklagt, wie schlecht es ihm geht." Durch solche Verträge wird es für sie und die Klientinnen leichter, aus der Vielzahl von möglichen Fragestellungen eine herauszufinden, die im Gespräch erörtert werden kann, mit der die Klientinnen im geschützten Rahmen der Kur Veränderungen ausprobieren, neue Erfahrungen machen und beides reflektieren können. Dabei vermeidet sie bewußt, einschneidende Veränderungen im Skript vertraglich zu vereinbaren. Diese könnten nämlich dazu führen, daß der Klientin „Zuwendungsentzug" widerfährt, wenn sie in ihre bisherige skriptunterstützende soziale Umgebung zurückkehrt. Bspw. könnte sich der Ehemann von ihr abwenden, wenn sie ihn nicht mehr fraglos umsorgt. Und in der Kürze der Zeit kann eine Frau mit dem oben angedeuteten „Sorge"-Skript nicht die Stabilität erlangen, die zum Durchhalten einer „Durststrecke" von möglichem Zuwendungsentzug in der Veränderung von Beziehungen notwendig wäre. Für einen Langzeitvertrag, der eine Verhaltensänderung in der Familie beinhaltet (z. B.: „Ich lege die Retter-Rolle ab und sorge für mich."), wäre weitere beraterische bzw. therapeutische Unterstützung am Heimatort zu wünschen, da die Frau gerade dort Schutz, Kraft, Erlaubnis und Ermutigung benötigt, um ihr selbstschädigendes „Sorge"-Verhalten (für andere) aufzugeben.

Da sich viele Alltagsprobleme der Frauen auch während der Kur zeigen, ist es hier überschaubarer, mit Kurzzeitverträgen zu arbeiten, die auch in dieser Zeit erfüllt werden können. Der sichtbare Erfolg bestätigt die Frauen in ihrem keimenden Bedürfnis nach Selbstbestimmung.

Das folgende Beispiel zeigt die Erarbeitung und den Umgang mit einem Kurzzeitvertrag.

Frau N. ist psychisch und physisch sehr erschöpft. Sie berichtet von ihrer häuslichen Belastungssituation und der Pflege ihres kranken Vaters. Aus ihren Erzählungen wird der Beraterin deutlich, daß sich die Klientin in einer „Retterposition" befindet. Sie übernimmt übermäßige Verantwortung für die Familie und verhindert durch ihr Verhalten, daß andere Familienangehörige (z. B. ihre Geschwister) die Pflege des Vaters partiell mit übernehmen. Die Bewunderung anderer Personen, „wie sie das nur alles schafft", erlebt sie als Zuwendung. Es wird deutlich, daß ihr Zuwendungssystem und ihr Selbstwert eng mit dem Helfen verbunden sind, selbst wenn sie sich dabei überlastet und sich zwischendurch immer wieder als das Opfer der Umstände erlebt. Während des Gespräches besteht sie darauf, daß an ihrer häuslichen Situation nichts zu verändern ist. Die Beraterin respektiert ihren Widerstand und beginnt die ungetrübten Aspekte ihrer Erwachsenen-Haltung anzusprechen:

Frau N.	*Beraterin*	*Erläuterungen*
Alle laden mir zuviel auf. (Und seufzend:) Aber da kann man ja nichts machen.		
	Ist das denn hier in der Kur auch so?	*Die Beraterin vermeidet Etikettierungen, wie z. B.: „Da sind Sie ja in einer Opferposition." Sondern sie regt zum Nachdenken über die Situation an.*
Ja, gestern Abend habe ich zum zweiten Mal auf 5 Kinder aufgepaßt, wärend andere Mütter ausgegangen sind. Ich bin lange hin und her geflitzt, weil einige Kinder nicht schlafen wollten.		
	Wie erklären Sie sich, daß Sie auf die Kinder aufpassen, während sich die anderen Frauen einen schönen Abend machen?	*Weitere Anregung des Denkens*

Frau N.	*Beraterin*	*Erläuterungen*
(Nachdenklich:) Ich sage nie „nein", mache ein freundliches Gesicht, wenn ich gefragt werde. (Zögernd:) Aber wenn ich so weitermache, erhole ich mich hier auch nicht.		*Klientin reflektiert aus ihrer Erwachsenen-Ich-Haltung ihre skriptabhängigen Verhaltensweisen.*
	Das befürchte ich auch. Und ich habe den Eindruck, als wenn eine Erholung für Sie sehr wichtig ist.	*Bestätigung, daß das Verhalten der Klientin skriptabhängig und damit einschränkend ist.*
(Nickt:) Ja, sonst hätte ich auch zuhause bleiben können, wenn ich es hier auch so mache.		
	Was machen Sie hier auch so?	*Übergreifendes Skriptmuster wird erfragt.*
Wenn mich jemand fragt, helfe ich sofort. Ich sage nicht „nein", auch wenn ich vielleicht etwas anderes vorhabe und wenn ich keine Lust habe ... (längere Pause).		
	Wollen Sie lernen, während der Kur „nein" zu sagen, wenn Sie z. B. nicht auf die Kinder aufpassen wollen?	*Änderung wird angeboten, Vertragsidee formuliert.*
Ja, das will ich den anderen Müttern sagen, daß mir das zuviel wird.		*Entscheidung zur Verhaltensänderung im Hier und Jetzt.*

Die Beraterin bestärkt sie in ihrem Vorhaben, und sie besprechen gemeinsam genauer, wie Frau N. vorgehen will. Sie erfragt die Phantasien und Ängste von Frau N., die die Reaktionsweisen der anderen Mütter betreffen, um herauszufinden, wie stark Frau N.'s Befürchtungen sind, Zuneigung zu verlieren und sich unbeliebt zu machen, wenn sie sich abgrenzt. Da Frau N. diese Ängste im Gespräch als unrealistisch erkennt, schließt sie einen Kurzzeitverhaltensvertrag ab: „Ich will mit den anderen Müttern sprechen, um die Kinderbetreuung abends abwechselnd zu organisieren, und in der nächsten Woche nicht mehr als einmal auf die Kinder aufzupassen."

Auch dieser Vertrag beinhaltet wie das Beispiel der Frau, die die Kur genießen will, konkrete Schritte der Veränderung, die die Klientin noch während der Kur durchführen kann.

Beim nächsten Beratungstermin kommt Frau N. stolz herein. Sie hat den Vertrag eingehalten und den anderen gesagt, wie wichtig ihr die eigene Erholung ist. Auf ihre Initiative hin wurde die abendliche Kinderbetreuung reihum organisiert. Die Beraterin freut sich mit ihr über den Erfolg. Dabei erfährt Frau N. Zuwendung und Beachtung für selbstbestimmtes Verhalten anstatt für Überverantwortlichkeit und Opferbereitschaft.

Die Beraterin bietet zudem Unterstützung an, das Gelernte mit Fragen wie z. B.: „Was vermuten Sie, würde zuhause passieren, wenn Sie öfter ‚nein' sagen?", „Wie würde Ihr Mann reagieren...? Wie die Kinder...?", gedanklich auf die häusliche Situation zu übertragen. Manchmal entwickeln sich aus diesen Fragen Rollenspiele, in denen die Frauen kleine Schritte der Selbstbestimmung in der Familie üben. Damit erwerben sich die Klientinnen die Freiheit, auch zuhause in Richtung ihres Kurzvertrages vorzugehen. Sie sind jedoch nicht daran gebunden. So können sie es wagen, mit Freiheiten zu experimentieren, ohne sich durch eine Vertragserfüllung zu überfordern.

Die Arbeit von Ursula S. ist unter anderem auf dem Hintergrund eines breiten transaktionsanalytischen Wissens erfolgreich, mit dem sie die Probleme ihrer Klientinnen erkennen und beschreiben kann. Diese Wissensvielfalt erleichtert es, sinnvolle

– also auch durchführbare – Veränderungsprozesse in Gang zu setzen und Konzepte und Methoden so zu kombinieren, daß sie gleichermaßen stimmig wie eingängig sind. Denn je eingeschränkter die Bedingungen sind, unter denen die Beratung stattfindet, desto mehr Kompetenz und Kreativität braucht die Beraterin, um im vorgegebenen Rahmen wirksam zu werden.

Das folgende Beispiel zeigt, wie die Beraterin die Konzepte des Strukturmodells und der Trübungen (s. Bd. I, S. 41) nutzt, um der Klientin eine neue Sichtweise von Männern zu vermitteln und ihr „Werkzeuge" in die Hand zu geben, welche sie in Zukunft nutzen kann, um „sich selbst zu beraten".

Die Klientin, Frau H. erzählt, daß sie schon einige Jahre ohne Partner lebt. Jetzt hat sie sich in einen Mann verliebt, der auch Interesse an einer Beziehung zu ihr hat. Sie wagt es jedoch nicht, diese Beziehung zu vertiefen.

Frau H.	*Beraterin*	*Erläuterungen*
Alle Männer sind sowieso schlecht.		*Die Verallgemeinerung „alle" zeigt eine Trübung auf. Deshalb beginnt die Beraterin, durch Nachfragen zu enttrüben.*
	Was heißt das für Sie genau?	
Erst schmieren sie einem Honig ums Maul, und kaum gibt man nach, lassen sie sich bedienen oder sie reden rum von wegen Zusammenbleiben, aber nur, um einen in's Bett zu kriegen, und dann hau'n sie ab.		*Der Inhalt der Trübung wird deutlich.*

Frau H.	Beraterin	Erläuterungen
	Das klingt so, als hätten Sie ganz schlechte Erfahrungen gemacht und als hätten alle Männer, denen Sie begegnet sind, sich Ihnen gegenüber unfair benommen. Wollen Sie mal erzählen, wie das z. B. mit Ihrem Mann war?	*Die Beraterin beginnt zu überprüfen, ob es sich um eine Trübung aus der Kind-Ich-Haltung handelt, d.h., ob alte persönliche Erfahrungen die heutige Trübung bewirken. Die Beraterin erfragt hier weitere Erfahrungen.*
Ja, der ist ausgezogen, weil ich nichts mehr von ihm wollte. „Das hält er nicht aus", hat er gesagt. Er wäre ja schließlich ein Mann. (Dabei lacht sie von oben herab.)		*Das Lachen „von oben herab" gibt Hinweise auf eine mögliche Trübung durch die Eltern-Haltung. Die Beraterin greift es jedoch an dieser Stelle nicht auf, sondern holt erst weitere Informationen ein.*
	Hatten Sie sich generell von ihm zurückgezogen?	
Ja, nach dem 2. Kind war er mir nur noch widerlich.		
	War da irgend etwas vorgefallen? Hat er Sie vor oder nach der Geburt sexuell bedrängt?	
Nee, ich kann das nicht so erklären, war einfach widerlich. (Völlig unvermittelt:) Und als er weg war, hat meine Mutter auch gesagt: „An dem hast'e nichts verloren, war auch nur'n Mann."		

Frau H.	Beraterin	Erläuterungen
	Das wirkt auf mich, als wisse ihre Mutter sehr genau, was für sie wertvoll ist und was nicht.	*Die Annahme, daß es sich um eine Eltern-Ich-Trübung handeln könnte, wird deutlich.*
(Lacht wie ein Kind:) Na ja, sie weiß schon immer alles sehr genau.		
	Was „weiß“ sie denn über Männer?	*Die Beraterin erfragt Informationen, die die Annahmen untermauern könnten.*
Die hat meinem Vater nie verziehen, daß er vor meiner Geburt abgehauen ist. Und danach hatte sie einen Freund, der hat sie beklaut.		
	Dann waren Mutters Erfahrungen mit Männern sehr negativ?	
Genau wie meine!		*Da diese Beantwortung auf eine Trübung aus dem Kind-Ich-Zustand hinweist, muß noch einmal überprüft werden, aus welchem Ich-Zustand die Trübung kommt.*
	Wollen Sie noch einmal von ihrem Mann berichten: Was war denn da so schlimm?	
Ja, erst nur das mit dem Sex, und dann war er deshalb ganz oft wütend.		

Frau H.	*Beraterin*	*Erläuterungen*
	Für mich ist nachvollziebar, daß das für sie beide eine schwierige Situation war.	*Die Beraterin verdeutlicht die Situation des Mannes und führt ganz behutsam darauf hin, daß der Mann nicht im oben von ihr genannten Sinne „schlecht" war.*
Meinen Sie für ihn auch?		*Dabei wird die Vermutung, daß Sie Mutters Haltung Männern gegenüber eingenommen hat, weiter verdeutlicht.*
	Ja, denn er hatte ja Interesse an Ihnen, und Sie konnten seinen Interessen nicht entgegenkommen.	
(Ganz ernst:) Das habe ich mir, glaube ich, nie eingestehen wollen.		
	Mir scheint es so, als hätten Sie gar nicht richtig zu Ihrem Mann hinsehen wollen. So als hätten Sie eine trübe Brille aufgehabt.	
Merkwürdig, wenn Sie „Brille" sagen, muß ich an meine Mutter denken.		
	Ich finde das nicht merkwürdig. Vielleicht hat Ihr „getrübter Blick" ja etwas mit Ihrer Mutter zu tun.	*Hier bietet die Beraterin der Klientin ihre Sichtweise zur Überprüfung an.*

Im weiteren Verlauf des Gespräches wird deutlich, daß Frau H. ihre Einstellung Männern gegenüber wesentlich von ihrer Mutter übernommen hat, und daß sie ihre persönlichen Erfahrungen mit Männern eher positiv werten könnte, wenn ihre Wahrnehmung nicht durch die Sichtweise ihrer Mutter getrübt wäre. Frau H. sieht deutlich, daß sie sich in Zukunft mehr gegen ihre Mutter abgrenzen muß, sowohl gegen die reale Person, als auch gegen das Mutterbild in ihrer Eltern-Ich-Haltung. Als „Handwerkszeug" erklärt die Beraterin jetzt das Modell der Ich-Zustände (Strukturmodell, s. Bd. I, S. 29) und übt in den verbleibenden beiden Sitzungen mit Frau H., welche Inhalte welchen Ich-Zuständen zuzuordnen sind. Frau H. lernt dabei, sich gegen ihre „innere Mutter" abzugrenzen und die jeweilige Situation erwachsener zu betrachten. Am Ende des Kuraufenthaltes entscheidet sie, in Zukunft ihre Entscheidungen zu treffen. Dieser, in die häusliche Situation hineinreichende Vertrag, konnte hier geschlossen werden, weil die Klientin meinte, daß ihre beiden Freundinnen sie bei der Abgrenzung gegen die Mutter unterstützen würden und sie sich so eine Phase möglicher Schwierigkeiten mit der Mutter zutraute. Dennoch vermittelte die Beraterin eine Fortsetzung der Beratung am Heimatort: Denn die neue Sichtweise ihres ehemaligen Mannes würde Frau H. vermutlich mit großer Trauer um die verlorenen Möglichkeiten und Schmerz über ihre Einsamkeit in Kontakt bringen. Um durch dieses Erleben wachsen zu können und nicht daran zu verzweifeln, braucht sie weitere Betreuung.

Die Beraterin muß die Aufgeschlossenheit ihrer Klientin für solche, daheim weiterzuführenden Beratungsprozesse in den ersten Beratungsstunden herausfinden. Denn nur so kann sie entscheiden, ob sie an den Haltungen „rüttelt", mit denen sich Frauen vor ihren Schmerzen schützen. Nach der neuen Erfahrung des Angenommen-Seins und des hilfreichen gemeinsamen Nachdenkens über die Ursache der Probleme sowie der Erarbeitung neuer Möglichkeiten während der Kur, könnten sich die Frauen danach als „allein gelassen" empfinden. Dieses Erleben wiederum birgt dir Gefahr, daß die alten Erfahrungen eher verstärkt als heilsame Veränderungen erzielt werden.

Zur Persönlichkeitsstruktur der Frauen im Mütter-Kurheim gehören oftmals Beeinträchtigungen im Umgang mit Gefühlen. Authentische Gefühle (s. Bd. I, S. 84) werden selten gespürt, und wenn sie gefühlt werden, kaum geäußert. Sog. Ersatzgefühle (s. Bd. I, S. 84) werden häufig wahrgenommen, aber nicht offen ausgedrückt („Ich will möglichst Ärger vermeiden."). In der transaktionsanalytischen Arbeit gehen wir davon aus, daß sowohl authentische als auch Ersatzgefühle wie „Rabattmarken" gesammelt werden können, d.h. sie werden nicht zum Zeitpunkt des Entstehens beachtet und ausgedrückt, sondern „heimlich" aufbewahrt (in das „Rabattmarkenbuch eingeklebt"), häufig deshalb, weil die Person das Gefühl durch innere Dialoge als geringfügig abwertet und „es sich nicht lohnt, Aufhebens davon zu machen". Die Einlösung erfolgt zu einem späteren Zeitpunkt, meistens ausgelöst durch ein geringfügiges Ereignis, das „das Maß dann voll macht". (Es ist dies die letzte Marke, die geklebt werden muß, um das Heft eintauschen zu können.) Die Person hat nun „das Recht", ihre Gefühle in einem „Gefühlsschwall" zu entladen, der der Situation nicht mehr angemessen ist. Die Folgen sind meistens unangenehm – die Umwelt ist z. B. entsetzt über den Wutanfall – und bestätigen „die Notwendigkeit, Gefühle zurückzuhalten". Dann beginnt das „Sammeln" von vorn.

Für ihre Arbeit im Mütter-Kurheim hat Ursula S. den Kreislauf der Entstehung und Entladung von Gefühlen mit dem Skriptsystem kombiniert und eine Art Comic-Zeichnung entworfen, mit der sie diese Konzepte vermitteln kann (Beispiel S. 33).

Frau S. kommt zur Beratung, weil sie verzweifelt darüber ist, daß ihre beiden Kinder (4 und 6 Jahre alt) nicht auf sie hören wollen. Frau S. verhält sich oft überfürsorglich und macht „alles mit", bis sie nach einer bestimmten Zeit „platzt" und zuschlägt. Dabei übergeht sie ihren angemessenen Ärger, mit dem sie Grenzen setzen könnte. Nach einem längeren Gespräch, indem sich die Beraterin ausführlich die häusliche Situation, das Verhalten und die innerlichen Selbstgespräche von Frau S. beschreiben läßt, entwickelt sie an der Tafel folgendes Bild:

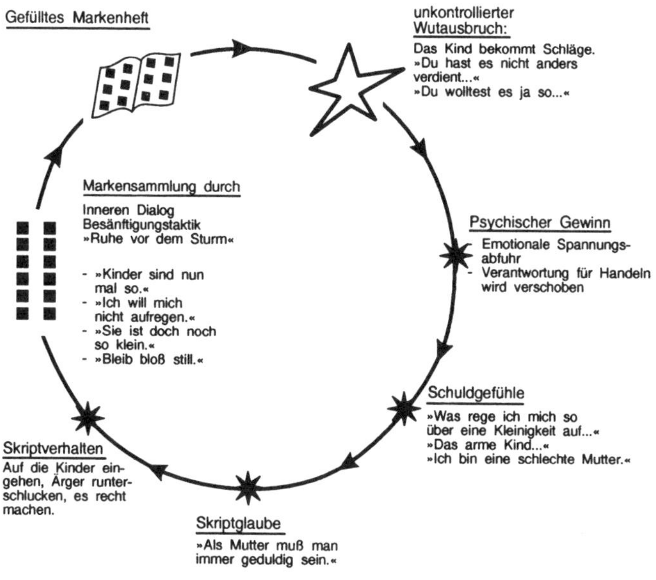

Abb. 1: Schrittfolge einer „Rabattmarken-Sammlung"

Durch diese Aufzeichnung wird der Klientin das immer wiederkehrende Muster ihres Verhaltens deutlich und sie sagt: „Ja, genauso ist es immer wieder, ich reiße mich zusammen, bin übergeduldig und dann platze ich." Danach purzeln die Erkenntnisse: „Meine Kinder wissen ja auch eigentlich gar nicht, woran sie bei mir sind, wenn ich mich so unterschiedlich verhalte." Im weiteren entsteht bei ihr der Wunsch, dieses destruktive System zu unterbrechen: „Irgendwie muß ich da doch rauskommen, das soll nicht noch 20 Jahre so gehen." Die Beraterin verstärkt diesen Wunsch und ermutigt sie, zu überlegen, wie sie dieses System unterbrechen kann.

Klientin: (äußert freudig erregt) „Ja, ich muß irgendwie konsequenter werden und auch gleich meinen Ärger zeigen. Wenn ich wieder anfange zu sammeln, dann geht alles von vorne los."

Die Beraterin bestärkt sie in ihrem Vorhaben und zeigt ihr konkrete Verhaltensmöglichkeiten für die Auseinandersetzung mit den Kindern: Z. B. Ärger zu zeigen, indem sie von sich spricht, anstatt zu sagen: „Du bist böse"; auf Blickkontakt zu achten, oder sich hinzusetzen, um in der gleichen Augenhöhe mit dem Kind zu sein. Sie erarbeiten dann einen gemeinsamen Verhaltensvertrag für die kommende Woche: „Ich will meinen Kindern in der nächsten Woche mindestens zweimal sofort meinen Ärger zeigen." Frau S. hat die Möglichkeit, diesen Vertrag einzuhalten, da die Kinder auch mit im Kurheim sind und sie sie zu manchen Zeiten selber betreut. Durch die Informationen und die neuen Erfahrungen, die Frau S. im Umgang mit ihrem Vertrag macht, wird sie darin unterstützt, keine neue „Markensammlung" anzulegen.

Die Comic-Zeichnung ist zudem besonders gut geeignet, um sie „in den Koffer zu packen und mit nach Hause zu nehmen". Frau S. hat damit ganz konkret etwas, worauf sie „zurückgreifen kann, wenn sie das neue Verhalten weiter praktizieren will".

Neue Erfahrungen mit neuem Verhalten kann die Beraterin in der zur Verfügung stehenden Zeit auch vermitteln, indem sie mit einer vereinfachten Kombination aus Skript- und Racketsystem arbeitet, das für die Beratungsarbeit besonders gut geeignet ist.[7] Dabei wird in besonderer Weise darauf geachtet, wie alte Verhaltensmuster im Hier und Jetzt aufrecht erhalten werden.

Frau E. beklagt sich beispielsweise darüber, daß ihr häufig niemand zuhöre. Wenn sie dies, wie hier in der Kur spüre, fühle sie sich zurückgesetzt und gekränkt. Als Reaktion darauf bleibe sie abends allein auf ihrem Zimmer. Die Beraterin hat dieses Verhalten mehrfach beobachtet. Sie vereinbart mit Frau E., zu beobachten, ob diese selbst dazu beiträgt, daß andere Menschen sie nicht beachten. Dann erfragt sie alle Informationen, die sie braucht, um Aspekte dieses Gefühls- und Verhaltenssystems – das sog. Skript-System – von Frau E. zu erfassen:

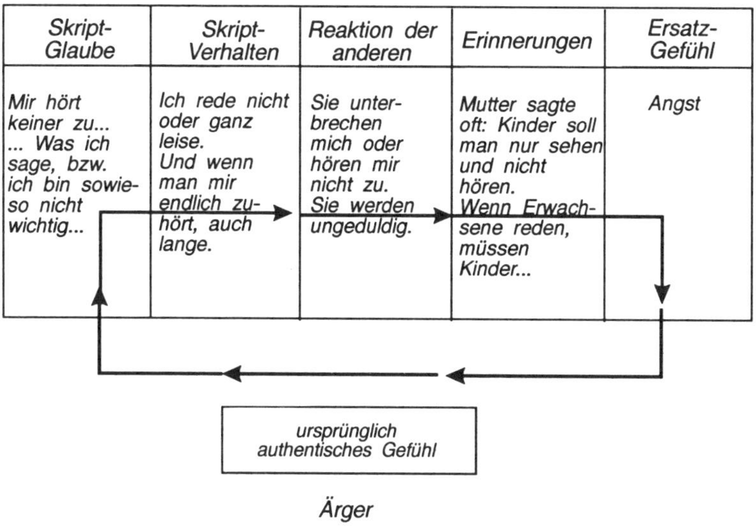

Abb. 2: Skript-System von Frau E.

7 Das Racket-System war ein Vorläufer des Skriptsystems und dient dazu, aufzuzeigen, wie angepaßte Verhaltensweisen im Zusammenhang mit sogenannten Ersatzgefühlen ausgelebt werden.

Diesem Skript-System stellt sie ein Wunsch-System gegenüber, indem sie Frau E. fragt, wie sie die Situation gerne hätte, wenn sie zaubern könnte.

Wunsch-glaube	Wunsch-verhalten	Wunschreaktion der anderen	Wunsch-erinnerungen	Wunsch-gefühl
Alle hören mir zu. Ich bin ganz wichtig.	*Ich rede laut und klar.*	*Sie unterbrechen mich nicht und finden interessant, was ich sage.*	*Mutter ermuntert mich, meine Meinung zu sagen. Sie sagt, daß ich ganz wichtig bin.*	*Wut: Ich werde ganz wütend, wenn mich jemand unterbricht.*

Abb. 3: Wunsch-System
(Das Wunschgefühl entspricht meist dem authentischen Gefühl.)

Durch dieses Wunschsystem werden die Erwachsenen-Ich- und die Kind-Ich-Haltung gleichermaßen aktiviert. Neben berechtigten Anliegen, Gefühlen und Bedürfnissen kommen oftmals geheime, aber auch übersteigerte Wünsche zum Vorschein. Nach dem Erstellen des Wunschsystems kann dann gemeinsam „sortiert" und damit das erwachsene Denken enttrübt werden. Mit der Feststellung: „Sie sind ein wichtiger Mensch, und trotzdem werden nicht immer alle Menschen ihnen zuhören", stellt die Beraterin z. B. ein bestimmtes Wunschdenken aus der Kind-Ich-Haltung infrage. Durch eine Äußerung wie „Sie können darüber nachdenken, wann es sinnvoll ist, bei Unterhaltungen wütend zu werden", regt sie dazu an, gleichzeitig zu fühlen und zu denken.

Die Arbeit mit diesen Systemen hat für die Beraterin und ihre Klientinnen viele Vorteile:

- Ein sich häufiger wiederholendes Ereignis wird durch die Einteilung in die o.g. Kategorien überschaubarer.
- Die Frauen erfahren, daß man problematische Situationen auch „ansehen" kann, und daß sie diesen Situationen durch die neue Betrachtungsweise nicht mehr so ausgeliefert sind.
- Der Anteil des eigenen Verhaltens wird sichtbar und die Übernahme der Verantwortung dafür auf diese Weise erleichtert.
- Die Erfahrung, gleichzeitig fühlen und denken zu können, ist für viele Frauen neu. Sie sehen, daß sie ihren Gefühlen nicht notwendigerweise ausgeliefert sind.
- Es kann deutlich werden, daß der Skript-Glaube wie eine „sich selbsterfüllende Prophezeiung" wirkt.
- Es macht in der Beratungssituation Spaß, gemeinsam etwas aufzumalen und zu entdecken. Die Frauen haben danach sinnbildlich „etwas in der Hand".

Etwas mitzugeben, woran sich die Frauen auch zuhause halten können, ist für die Arbeit in Mütter-Kurheimen besonders wichtig. Die Hinweise, die die Beraterin gibt, neue Sichtweisen eines Problems oder sogar manchmal Erlaubnisse, können von den Klientinnen „erwachsen" aufgenommen und dann in ihre Eltern-Ich-Haltung integriert und von dort aus später im Sinne positiver Botschaften reaktiviert werden. Und nur, wenn die Frauen zuhause auf „etwas zurückgreifen" können, was ihnen eine Erinnerung an die Beratungsgespräche während des Kuraufenthalts ermöglicht, werden die Botschaften „aufgefrischt", wiedererinnert und in Verhalten umgesetzt.

Auch die Beispiele aus der Arbeit der Beraterin Susanne C. werden noch einmal verdeutlichen, wie wichtig es ist, sinnliche

Erfahrungen zu vermitteln, damit gedankliches oder emotionales Begreifen stattfinden kann.

Susanne C. ist Diplom-Sozialarbeiterin und arbeitet als Kurleiterin ebenfalls in einem Mütter-Kurheim, in das die Frauen jedoch ohne ihre Kinder kommen. Hinsichtlich der Dauer des Aufenthalts, der Angebote und der Kurteilnehmerinnen entsprechen die Bedingungen denen im zuvor beschriebenen Heim. Ihr Heim hat jedoch einen evangelischen Träger, der erwartet, daß durch die Kur der Frauen auch eine diakonische und seelsorgerische Aufgabe erfüllt wird. Susanne C. identifiziert sich mit diesem Auftrag. Ausgehend von einem liebevollen Gottesbild, sieht sie jeden Menschen, unabhängig von den Erfahrungen, die er gemacht hat, als geliebt und gewollt an. Mit dieser Haltung findet sie sich in der transaktionsanalytischen Grundposition (s. Bd. I, S. 63) „Ich bin wertvoll und du auch" wieder. Dies ist ihre Basis für die Würde und den Wert jedes Menschen. Und aus dieser Haltung heraus begegnet sie – genauso wie Ursula S. – den Frauen, mit denen sie arbeitet.

Wie bereits in den vorangegangenen Beispielen in Mütter-Kurheimen beschrieben, zeigen die Frauen häufig ein ausgeprägtes Sorgeverhalten für andere Menschen, ein Sorgeverhalten, dem meistens frühe symbiotische Erfahrungen zugrunde liegen (s. Bd. I., S. 93). D. h., sie hoffen, durch die Versorgung anderer die Zuwendung und das Streicheln zu bekommen, das ihnen fehlt.

Im Zentrum von Susanne C.'s Beratungstätigkeit mit den Kurteilnehmerinnen steht deshalb die Arbeit mit einer Frauengruppe[8]. Das Motto dieser Gruppe lautet:

> „Über der Sorge und Verantwortung für andere hätte ich beinahe mich selber vergessen! Daran will ich jetzt etwas ändern. Ich möchte mich selbst neu entdecken!"

---

8 Diese Gruppe besteht aus Frauen, die sich während der Kur, motiviert durch eine öffentliche Bekanntmachung des Themas, bei ihr anmelden.

In der Gruppenarbeit (ca. 6 Sitzungen) erarbeitet sie mit den Frauen ein Problembewußtsein für ihre Anteile in jenen symbiotischen Beziehungen, die sie aufgrund ihrer Persönlichkeitsstruktur immer wieder eingehen. Als Zusammenfassung der Erfahrungen gibt sie den Teilnehmerinnen am Schluß eine Art schriftlichen „Leitfaden für den Umgang mit sich selbst" mit ins Gepäck.

Sie beginnt die Gruppenarbeit, indem sie ca. 100 Schwarzweißbilder (Fotos, Zeitschriften- und Kalenderausschnitte) auf dem Boden ausbreitet, die die unterschiedlichsten Situationen darstellen: Natur, Menschen, Tätigkeiten, Tiere, Technik usw.. Sie bittet dann, „daß sich jede Frau ein Bild auswählt, indem sie sich wiederfindet und das zu ihrer momentanen Situation paßt und – falls sie es möchte – noch ein zweites, auf dem ausgedrückt ist, in welcher Richtung sie sich verändern will, sozusagen ein Wunschbild". Ebenso wie im Wunsch-System von Ursula S. mobilisiert auch hier die Beraterin Stärken durch Wunschvorstellungen.

Die Auswahl der Bilder durch die Teilnehmerinnen wird hauptsächlich von deren Intuition aus der Kind-Ich-Haltung bestimmt und stellt häufig ein Abbild ihrer augenblicklichen inneren Wirklichkeit dar. Die Beraterin lädt die Frauen ein, über ihre Bilder zu sprechen. Und es gelingt tatsächlich den Frauen leichter, über das Bild, als über sich selbst zu sprechen. Gleichzeitig bahnen sie damit jedoch einen Zugang zu ihrem eigenen Erleben.

Das folgende Beispiel schildert ein Gespräch mit Frau A., die gerade ihre Scheidung hinter sich hat. Als erstes Bild hat sie einen kahlen, knorrigen Baum gewählt, als zweites eine Gruppe von Reisenden auf einem Schiff.

Gruppenmitglieder (W, X, Y, Z)	Frau A.	Beraterin	Erläuterungen
	Dann faß' ich mir mal den Mut und leg meine Bilder raus. Also, der Baum, das bin ich. (Weint.) Und ich suche einfach wieder Kontakt zu Menschen durch Reisen oder sonstwie, weil ich mich jetzt auch so alleine fühl und irgendwie hohl und leer. Ja, so sieht's aus.		
		Das sieht man, daß der Baum viel mitgemacht hat.	*Greift das Thema „Baum" auf und vermeidet, Frau A. direkt anzusprechen. Durch diesen behutsamen Umgang braucht die Klientin keine schmerzlichen Gefühle abzuwehren.*
W: Aber trotzdem hat er allem standgehalten.			
		Ja, das sieht man auch.	
X: Und trotzdem versucht er, immer wieder zum Blühen zu kommen.			

Gruppenmitglieder (W, X, Y, Z)	Frau A.	Beraterin	Erläuterungen
	(Weint.) Ja, ich suche den Kontakt zu den Menschen, möcht wieder einen neuen Anfang machen. Und da brauch ich aber jemand, wo mir hilft. Alleine ist das sehr schwer. (Weint) Entschuldigung.		Der Weg zur eigenen Situation ist nun „gebahnt". Frau A. kann über sich selbst sprechen.
		Es ist in Ordnung, zu weinen, Frau A.. Sie sind dabei, einen neuen Anfang zu machen, einen ganz großen Schritt für den Anfang, jetzt vom Alleinsein wegzukommen. Zuerst, daß Sie überhaupt in die Gruppe gekommen sind ... (sie war zunächst sehr zögernd) ... und jetzt auch, indem Sie so offen sind.	Jetzt kann auch die Beraterin Frau A. persönlich ansprechen. Sie ermutigt sie, Gefühle zuzulassen.
	Vielleicht, ja.		
Y: Also, wenn ich den Baum so anguck, dann habe ich das Gefühl, daß er viel Pflege braucht.			

Gruppenmitglieder (W, X, Y, Z)	*Frau A.*	*Beraterin*	*Erläuterungen*
Z: Ein Baum, der sich schon arg verausgabt hat und der trotz Wind und Wetter standgehalten hat. Und trotzdem ist noch Kraft da zum Treiben.			
Y: So ganz aufgeben würd' ich ihn nicht. Ich würd' versuchen, ihn wieder aufzupäppeln.			
Z: Da fällt mir ein Baum von unserem Gartengrundstück ein. Der war mal vom Blitz getroffen. Da hat mein Mann die Säge genommen und alles Morsche und Abgebrochene abgesägt. Und der hat dann wieder getrieben und hat wieder kräftige Äste.			
	Das brauche ich auch. Ich sehe auch die Äste, da ist auch noch Leben. Das empfind ich als meine Kinder, aber sonst ...		

Gruppenmitglieder (W, X, Y, Z)	Frau A.	Beraterin	Erläuterungen
W: So ganz alleine bist du nicht. Ganz dahinten sind andere Bäume.			
	Sicher, und er wehrt sich auch. Ich finde ihn wehrhaft.		
		Wogegen wehrt er sich denn?	Die Beraterin greift die ersten Ansätze einer alternativen Erlebnisweise auf.
	Gegen das Umfallen, gegen das Alleinsein.		
		Da sehe ich das andere Bild. Da sieht man Gemeinschaft, Abenteuerlust, ja, und vor allem sehe ich da Aufbruchsstimmung.	
	Das ist ein Traumbild: Reisen und Menschen, auch Aufbruch, ja.		
		Da fällt mir ein Spruch ein, der mir gut gefällt: „Träume nicht dein Leben, sondern lebe deinen Traum."	Die Beraterin regt an, eigene Wünsche weiterzuverfolgen.
	Das ist gut.		

In diesem Beispiel wird besonders eindrücklich deutlich, wie die Nichtbeachtung der eigenen Bedürfnisse in symbiotischen Beziehungen zum „Ausbrennen und Verdorren" führt, und wie groß die Sehnsucht danach ist, eigene Wünsche zu befriedigen. Dabei gibt die Beraterin ganz behutsam Impulse, die auf die Dauer das skriptabhängige Denken der Klientin über sich selbst, die anderen und die Welt verändern können.

Nachdem die Frauen auf diese Weise mit sich selbst in Kontakt gekommen sind, bietet die Beraterin die transaktionsanalytische Symbiose-Theorie an, um das Leiden, was die Frauen vielfach empfinden, zu erklären.

Dabei geht sie von einem vereinfachten Strukturmodell aus, welches es den Frauen erleichtert, die transaktionsanalytische Sichtweise vom Menschen zu verstehen.

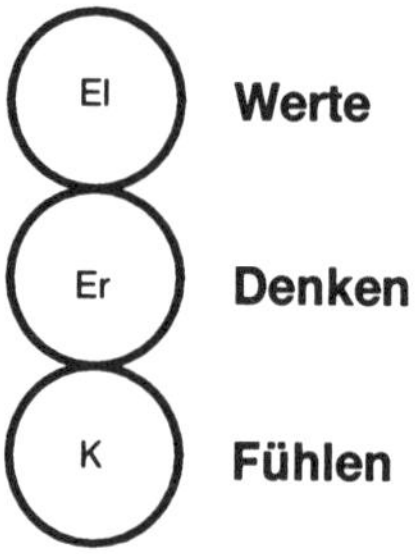

Die Eltern-Ich-Haltung enthält Normen, Werte, Gebote und Verbote, die wir von elterlichen Autoritäten übernommen haben.

Die Erwachsenen-Ich-Haltung bewirkt, daß wir denken, planen, entscheiden und uns angemessen in der Realität verhalten.

Die Kind-Ich-Haltung enthält Gedanken, Gefühle und Verhaltensweisen, die wir als Kinder hatten, sowie insgesamt unsere Gefühle, Wünsche und Bedürfnisse.

Abb. 4: Vereinfachtes Strukturmodell

In diesem Modell werden in stark vereinfachter Weise der Eltern-Ich-Haltung Normen und Werte und der Erwachsenen-Ich-Haltung das Denken und Problemlösen zugeordnet. Die

Kind-Ich-Haltung wird dabei häufig vermittelt als „das Kind in mir", mit all seinen Gefühlen, Wünschen und Bedürfnissen. Obgleich es gerade dieses Modell ist, was der Transaktionsanalyse den „Geruch" von Oberflächlichkeit und „Unterteilung des Menschen in Einzelpersonen" eingebracht hat, ist es dennoch wegen seiner leichten „Eingängigkeit" manchmal hilfreich, damit zu arbeiten.

Susanne C.'s Klientinnen bekommen gerade durch dieses Modell einen Zugang zu den unterschiedlichen Aspekten ihrer Persönlichkeit. Sie können aus den Erfahrungen mit ihren konkreten eigenen Kindern, deren Ansprüche sie ständig befriedigen, die Idee eines eigenen inneren Kindes mit eigenen Bedürfnissen, Gefühlen und Wünschen leicht annehmen. Zudem verstehen die Teilnehmerinnen durch diese Darstellung der Ich-Zustände auch leichter das Konzept der Symbiose.

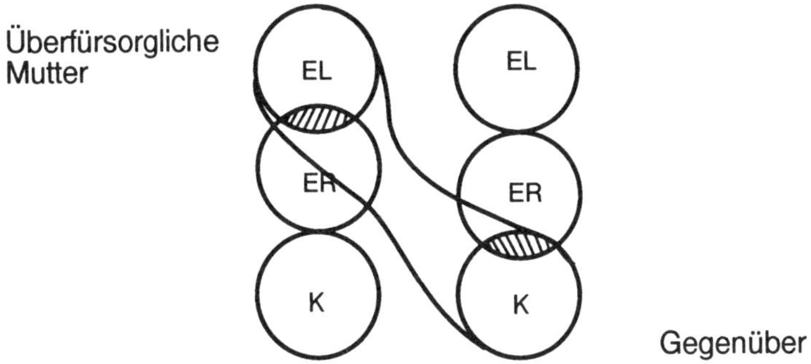

Abb. 5: Graphische Darstellung einer Symbiose

Wenn die Frauen diese graphische Darstellung an der Tafel sehen, können sie „ohne weiteres" die Fragen beantworten, welche Haltungen bei ihnen besonders aktiviert sind, wenn sie Verantwortung für andere Menschen übernehmen, und in welchen Aspekten ihrer Person sie dann einen Mangel erleiden.

Mit Hilfe dieses Modells wird ein erster Zugang zu Bedürfnissen überhaupt geschaffen. Es bedarf sodann einer Anleitung durch die Beraterin, diese Erfahrungen auf das Erwachsenen-Dasein ihrer Klientinnen zu übertragen. D. h., diese müssen lernen, nicht „nur als Kind", d. h., wenn sie sich klein machen, Bedürfnisse haben zu dürfen.

Vielen Frauen wird deutlich, daß sie aus dem Bedürfnis nach Liebe und Beachtung sehr früh unangemessene Verantwortung auf sich genommen haben, die ihnen häufig auch aufgebürdet wurde, und daß sie häufig noch heute auch ihre Partner genauso unangemessen selbstverständlich versorgen. Anhand der graphischen Darstellung erkennen die Frauen zudem, daß sich beide Personen, die an einer symbiotischen Konstellation beteiligt sind, nicht ganz „in Besitz haben". Dabei macht die Beraterin deutlich, daß diese unheilvolle Verquickung von „Ich" und „Du" für beide Partner nicht „gesund" ist.

Durch die höhere Bewußtheit, die in den Gruppengesprächen geschaffen wird, in denen die neuen Erkenntnisse über die Symbiose mit der Bedeutung der ausgesuchten Bilder verknüpft werden, beginnen erste Schritte zur Veränderung der symbiotischen Haltung.

Die 65jährige Frau H. hat zwei schizophrene Söhne, mit denen sie, ebenso wie mit ihrem Ehemann, in einer starken symbiotischen Abhängigkeit lebt. In der ersten Sitzung hatte sie für ihre Situation ein Bild ausgesucht, auf dem ein kleines Mädchen mit hilfesuchend nach oben gestreckten Ärmchen dargestellt ist.

Frau H.	*Beraterin*	*Erläuterungen*
Mein Bild habe ich ja am Anfang gleich wieder abgegeben, denn wenn ich es angesehen hab, hat's mir wehgetan. Wenn ich das jetzt mit dem verbinde, was ich über mich gelernt habe, dann hab ich das Kind ausgesucht, weil ich das verloren hab und weil ich es gerne wiedergewinnen will, das Kind in mir. So sehe ich jetzt mein Bild.		
	Ja, das dachte ich schon damals: Wenn Sie dieses Bild mit dem Kind nehmen und sagen: „Das bin ich", dann haben Sie es bereits wiedergefunden.	
In dem Moment, ja. Durch diese ganze Erklärung ist mir bewußt geworden, daß ich zu diesem Bild gegriffen hab, weil mir das Kind (K) fehlt und der andere Teil (EL + ER) immer fetter wird, und das Kind immer kleiner.		
	Da ist Ihnen viel klar geworden. Ich erinner mich noch gut an die Kennenlerngruppe am Anfang. Als ich gefragt habe, was Ihre Wünsche an die Kur sind, da haben Sie gesagt: „Und was ist, wenn man gar keine Wünsche mehr hat?"	

Frau H.	*Beraterin*	*Erläuterungen*
Die hab ich ganz von mir abgegrenzt.		
	Das ist auch das Kind-Ich.	
Ich habe alles dort oben reingebuttert (in's ER + EL).		
	Das find ich mutig, daß Sie wieder Zugang suchen zu dem Kind in Ihnen.	
Weil, das Unterbewußtsein im Menschen ist ja immer da, das hat sich dann auf diese Weise geöffnet. Ich hab mein Kind (K) ausgegrenzt und hab die Sorge für andere übernommen, also in der Familie. Für mich werden die immer fetter, immer kritischer, weil ich mein Kind weggetan hab.		
	Ja, das ist eine Wechselwirkung.	
Und das fehlt denen, das Kind in meinem Ich.		
	Ja, das stimmt. Es ist auch ganz schwer zu jemandem, der sein Kind-Ich ausgrenzt, Nähe herzustellen. Sie tun also sich und den anderen etwas Gutes, wenn Sie Ihr Kind-Ich mehr zeigen.	

Frau H.	*Beraterin*	*Erläuterungen*
Wer von den anderen jetzt halt noch kleine Kinder hat, der kann durch so eine Erklärung jetzt schon vorsichtiger werden, nicht so zu werden wie ich, sondern eben also, wie Sie sagten, so kreuz und quer mit allem von hier. (Sie zeigt auf die Tafel mit der Darstellung der Transaktionen.)		

Es ist beeindruckend, wie diese Frau die Gruppenarbeit für sich verwertet hat, und wie sie ihr Bild und die Informationen aus der Transaktionsanalyse, vor allem das Symbiose-Modell, in bildhafter Weise miteinander und mit sich und ihrer Lebenssituation in Verbindung gebracht hat. Es ist zu erwarten, daß die neuen Denkanstöße auch zuhause weiterwirken werden und Frau H. eigene Bedürfnisse in Zukunft eher berücksichtigt.

Susanne C. betont in ihrer Arbeit, daß die Lösung der Symbiose einen Weg darstellt und daher die Auseinandersetzung mit sich selbst dabei immer wieder neu geschehen muß. Sie weigert sich daher, ihren Klientinnen Patentrezepte anzubieten. Folglich ermuntert sie sie – wie Ursula S. – eher zum Beschreiten eines neuen Weges als zu „abrupten" Neuentscheidungen, die zuhause alleine verkraftet werden müßten. Zur Unterstützung dieses „Weges" hat sie eine Art Anleitung oder Leitfaden geschrieben, in dem sie die bisherige Gruppenarbeit zusammenfaßt und anregt, das Nachdenken über sich selbst, das „Raum für sich nehmen", Zuhause fortzuführen.[9]

---

9 Diesen Leitfaden hat sie erstellt, indem sie Elemente der „Zwölf Schritte" der Anonymen Alkoholiker, dargestellt in Helmut HARSCH, Hilfe für Alkoholiker und andere Drogenabhängige, München 1987, und Elemente aus Robin NORWOOD, Wenn Frauen zu sehr lieben, Die heimliche Sucht, gebraucht zu werden, Reinbek bei Hamburg 1986, in ihr Konzept integriert hat.

Jeder Schritt dieses Leitfadens wird in der Gruppenarbeit besprochen, so daß die Frauen lernen, wie sie zuhause damit umgehen können.

Schritte zur Veränderung[10]

1. Sich die eigene Hilfsbedürftigkeit eingestehen

Ich merke, daß ich durch Überverantwortlichkeit nicht das bekomme, was ich brauche. Im Gegenteil: Ich bekomme immer weniger und verliere immer mehr den Zugang zu meinen eigenen Bedürfnissen. Dadurch geht es mir immer schlechter.

Der erste Schritt ist das Eingeständnis, daß die Frauen unter der vermeintlichen symbiotischen „Stärke" bedürftig sind und selbst Hilfe brauchen. Durch die Informationen in der Beratungssituation beginnen die Klientinnen, sich ihrer Situation bewußt zu werden.

2. Hilfe in Anspruch nehmen

Ich habe das Recht, es mir besser gehen zu lassen. Ich habe den Mut, über meine Schwierigkeiten zu sprechen und Hilfe in Anspruch zu nehmen, sei es durch Gespräche mit Freunden, mit einem/r BeraterIn, in einer Gruppe, o. ä..

Durch den zweiten Schritt wird diese Hilfsbedürftigkeit öffentlich. Er hilft, die Märtyrer- oder Opferrolle aufzugeben. Die Beraterin ermutigt die Frauen, sich mitzuteilen.

3. Den eigenen Glauben weiterentwickeln

Es tut mir gut, von dem Kreisen um mich selbst und um andere loszukommen. Dazu hilft mir das Vertrauen zu Gott und das Loslassen in der Stille. Ich nehme mir Zeit, diese Bereiche zu fördern.

---

10 Die kursiv gedruckten Teile finden sich im Leitfaden, den die Klientinnen mitnehmen, wieder, der übrige Text gibt meine Sichtweise wieder.

Susanne C. hat viel darüber nachgedacht, ob sie diesen Schritt mit in den Leitfaden aufnimmt und wie sie ihn formuliert. Sie muß deutlich machen, daß die Aufforderung, den eigenen Glauben weiterzuentwickeln, für die Frauen nicht systemverstärkend wird und diese den christlichen Glauben nicht dazu benutzen, an ihren eigenen vermeintlichen „Stärken" („Ich muß den anderen helfen") und ihren Vorstellungen von den Mitmenschen festzuhalten. Dazu bringt sie ihr eigenes spirituelles Verständnis ganz deutlich in die Gruppe ein:

Frau X.	*Beraterin*	*Erläuterungen*
Ich hänge immer wieder an einem Bibelspruch. Der ist mir jetzt auch wieder eingefallen: „Wer sein Leben behält, wird es verlieren, und wer sein Leben verliert, der wird's finden." Und das ist was, wo ich mich immer wieder frage, wenn ich es ganz verlieren soll, dann darf ich ja gar nicht mehr mein Ich haben.		
	Was heißt das für Sie?	
Wenn ich mich daheim so verausgabe, und jeder erwartet nur von mir, und ich will's jedem recht machen, ich darf dann ja gar nicht mehr an mich denken. Und da frag' ich immer wieder: „Was verlangt Gott noch alles von mir? Soll ich noch mehr tun?"		

Frau X.	*Beraterin*	*Erläuterungen*
	Ich verstehe diesen Bibelspruch anders.	*Die Beraterin bietet ihre eigene Sichtweise an, um die Skriptgebundenheit, in der die Klientin denkt, in Frage zu stellen.*
Können Sie mir sagen, wie?		
	Ich denke, daß es mehr das bedeutet, was wir gerade besprochen haben. „Sein Leben verlieren" ist im Grunde auch dieses Loslassen, das Aus-Der-Hand-Geben. Ich bin eben nicht so stark und kann alles, und ich bin auch nicht so stark und kann allen Menschen helfen, und ich bin auch nicht so stark und kann mir immer helfen. Das ist für mich ein Stück Leben verlieren, auch die Macht verlieren, dann kann ich Mensch sein. Alles andere ist eine wahnsinnige Überforderung.	*Die Beraterin zeigt der Klientin hier, daß diese ihr Verhalten durch sog. „grandiose" Überlegungen aufrechterhält, grandios insofern, als die Klientin sich unangemessen viel Kraft zutraut und abfordert, durch die sie (manchmal) fantasierte Erwartungen der anderen erfüllt.*
Ja, so empfind ich's auch.		
	Ich find das schlimm, daß es in der christlichen Tradition oft als Überforderung verstanden wurde. Das ist sehr menschenfeindlich.	
Danke, Frau C., Sie helfen mir ein Stück weiter. Ich hab' mir das schon daheim immer wieder überlegt: „Kann es so weitergehen, immer noch mehr?"		

Die Beraterin ermutigt die Klientin hier, die Allmachts-Gefühle, die der symbiotischen Elternrolle unterliegen, aufzugeben und nicht länger falsche Stärken aufrecht zu erhalten. Sie macht die Frau mit einer Haltung vertraut, in der es erlaubt ist, eigene Grenzen anzunehmen und Mensch zu sein.

Gleichzeitig wird an diesem Beispiel deutlich, wie die Beraterin ihre eigene christliche Haltung mit der Beratungsarbeit verknüpft.

4. Den anderen loslassen

Ich bin nicht für das Verhalten und die Gefühle eines anderen Menschen verantwortlich. Der andere ist ein erwachsener Mensch und für sich selbst verantwortlich. Deshalb lasse ich ihn los, denn nur so kann er seinen Weg finden.

Da eine symbiotische Beziehung für viele Frauen besser ist als gar keine, kann diese Loslösung manchmal ein sehr schmerzlicher Prozeß sein und ist, gerade wenn die Lösung der Symbiose zum Ende einer konkreten Beziehung führt, ohne beratende oder therapeutische Hilfe schwer zu vollziehen. Die Beraterin bespricht mit den Frauen, inwieweit es sich bei ihrem Loslassen um eine innere Haltungsänderung oder eine konkrete Trennung handelt und welche Hilfen dazu jeweils notwendig sind. Sie bespricht auch, welche Gefahren es bedeutet, das gewohnte Streichelmuster zu verlieren.

5. Für sich selbst sorgen und die eigenen Interessen weiterentwickeln

Ich mache nicht mehr die anderen für mein Ergehen verantwortlich. Ich bin selbst für mein Leben und dafür, wie es mir geht, verantwortlich. Deshalb sorge ich dafür, daß es mir gut geht, und unternehme konkrete Schritte, die mir helfen, das zu erreichen.

Durch diesen Schritt lernen die Frauen, ihre Energie eher auf sich selbst als auf andere Menschen zu richten und sich die Haltung der Selbstverantwortung schrittweise zu erobern. Dabei achtet die Beraterin sorgfältig darauf, daß der „Schuß nicht nach hinten" losgeht und die Klientinnen aus der mangelnden Eigenverantwortung keine „Schuld" machen. Deshalb regt sie bei den Frauen ein Verstehen des eigenen Gewordenseins an, anstatt daß diese einer inneren Anklage, nicht genug Verantwortung übernommen zu haben, nachgehen.

Insgesamt muß Susanne C. mit diesem Leitfaden sehr vorsichtig und differenziert umgehen. Auch sie regt, ganz wie zuvor bei Ursula S., bewußt zur Verwirklichung kleiner Schritte an. Und sie gibt zu den neuen Inhalten auch immer wieder Informationen darüber, was geschehen kann, wenn ein Partner sich aus der Symbiose löst (z. B. eine weitere Eskalation des anderen, der an dieser Konstellation festhalten will) oder wenn die gewohnte Beachtung für symbiotisches Verhalten entfällt. Das ist wichtig, weil die Loslösungsprozesse aus symbiotischen Beziehungen häufig sehr schmerzhaft sind und manchmal alte Kindheitserfahrungen, die dabei „hochkommen", die Personen überschwemmen können. Damit dies – vor allem zuhause – nicht geschieht, ist es einerseits notwendig, die Verantwortung für den behutsamen Umgang mit diesem Leitfaden in die Hand der jeweiligen Frau zu legen und andererseits immer wieder darauf hinzuweisen, daß der Leitfaden als Anregung und nicht als Verhaltensmaxime zu verstehen ist.

Natürlich wissen die Beraterinnen in einem Mütter-Kurheim nicht, wie die Frauen die neuen Erkenntnisse in ihrer häuslichen Umgebung weiter be- und verarbeiten und ob geöffnete Türen wieder geschlossen werden, weil Partner, Kinder und Freunde auf verändertes Verhalten z. B. erstaunt oder ärgerlich reagieren. Deshalb liegt die Stärke transaktionsanalytischer Beratungsarbeit im Mütter-Kurheim in der Behutsamkeit. Denn nur durch Behutsamkeit ermöglichen die Beraterinnen es den Teilnehmerinnen, Informationen in einer persönlich angemessenen Weise aufzunehmen und eigene Veränderungsprozesse in Gang zu setzen, die sie selbst verantworten können. Ursula S. und Susanne C. vermeiden es auf diese Weise, auf Veränderungen zu drängen (z. B. sich von einem gewalttätigen Partner zu trennen), deren Folgen die Frauen alleine bewältigen müßten[11]. Sonst wäre das während der Kur langsam keimende „Pflänzchen" der Selbstbestimmung schnell erdrückt. Gerade diese „Pflanze" aber soll sich während der Kur erholen, Nährstoffe aufnehmen und wachsen.

Außerdem ist es im Sinne von Wachstum förderlicher, kleine Schritte als Erfolg zu erleben und damit die langsam keimende Selbstbestimmung zu nähren, als durch den Mißerfolg bei angestrebten „riesigen" Veränderungen dem jungen Keimling den Boden zu entziehen.

Die im letzten Beispiel dargestellte transaktionsanalytisch strukturierte Arbeit im Mütter-Kurheim zentriert sich im starken Maße auf das *Selbstvertrauen* der Frau. Der Prozeß des gleichwertigen Angenommenseins und die Bilder, die sie für ihre Person wählen, vermitteln ihnen die Erfahrung eines *Selbst* und erste Möglichkeiten des *Vertrauens*. Der hier beispielhaft geschilderte vorsichtige Umgang mit ihren Themen vermittelte dann häufig erste Erfahrungen von Selbstvertrauen. Für viele Frauen wurden diese Erfahrungen richtungsweisend.

11 Wir können außerdem davon ausgehen, daß sich Menschen durch sog. Abwehrmechanismen davor schützen, zu schmerzhafte Gefühle zu spüren. Ein solcher Mechanismus bestünde darin, das Papier einfach zu „vergessen" oder seine Inhalte im Nachherein für „weltfremd" und „unrealistisch" zu erklären.

Transaktionsanalytische Beratung in der Straffälligenhilfe[12]

Doris B. ist Diplom-Sozialpädagogin. Sie arbeitet im Bereich der Straffälligenhilfe in der ambulanten Beratung und Betreuung Jugendlicher und junger Erwachsener, die vom Jugendgericht zu sog. Betreuungsweisungen verurteilt sind. Träger ihrer Arbeit ist ein eingetragener Verein, der von interessierten Bürgern aus den Bereichen Justiz, Strafvollzug, Bewährungshilfe, Kirche, Wissenschaft und Politik gegründet wurde. Sein Ziel ist es, sinnvollere Maßnahmen als Freiheitsentzug als Konsequenz für begangene Straftaten bereitzustellen.

Nach dem Jugendgerichtsgesetz kann ein Jugendrichter als Reaktion auf strafbares Verhalten sog. Weisungen anordnen. Dies sind Gebote und Verbote, die die Lebensführung des Jugendlichen regeln und dadurch seine Erziehung fördern und sichern sollen. Dazu können auch bestimmte heilerzieherische Behandlungen gehören oder aber Anweisungen, durch die der Jugendliche oder junge Erwachsene für einige Zeit bestimmten Personen unterstellt wird, sog. Betreuungsweisungen. Der Verein bietet seine Hilfe für die Ausführung dieser Betreuungsweisungen an. Hauptschwerpunkt der konkreten Umsetzung ist dabei die psychologische Einzel- und Gruppenberatung.

Doris B. strukturiert ihre Arbeit hauptsächlich mittels der Transaktionsanalyse. Sie betreut jeweils etwa 20 Personen über einen Zeitraum von 6-12 Monaten, in Ausnahmefällen auch 24 Monaten. Nach Ablauf dieser Zeit kommen viele Klienten freiwillig weiter zur Beratung, manche bis zu drei Jahren. In der Regel findet ein Beratungsgespräch pro Woche statt, in Krisensituationen jedoch auch mehr.

12 Die Beispiele dieses Kapitels entstammen der TA-Examensarbeit von Doris Burke.

Die Besonderheit der vom Doris B. zu gestaltenden Beratungssituation besteht im Strafcharakter und in der Unfreiwilligkeit, mit der die Klienten kommen. Daß Weisungen und damit die Beratung, die im Rahmen von Weisung durchgeführt wird, unter juristischen Gesichtspunkten eine Strafe darstellen und auch als solche gedacht sind, steht für sie außer Frage. Der Umgang mit der aus diesem Sachverhalt resultierenden Unfreiwilligkeit, mit der die Jugendlichen dann zur Beratung kommen, wird daher zum entscheidenden Kriterium für eine sinnvolle Zusammenarbeit. Doris B. verwendet wenig Energie darauf herauszufinden, ob der Jugendliche oder junge Erwachsene motiviert für die Beratung ist, vielmehr vermittelt sie die Gegebenheit von Strafe als Realität und findet mit den Klienten Wege, die Weisung und ihre Mitverantwortlichkeit dafür anzunehmen. Damit gelingt es ihr, einen Prozeß von Strafe allmählich in einen Prozeß von Wachstum hinüberzuführen.

Ihre Klienten sind fast immer Jungen oder junge Männer – das Verhältnis Jungen-Mädchen beträgt 10 : 1 –, die meistens aus unterprivilegierten Schichten kommen. Viele sind in Teilfamilien großgeworden und hatten bereits Kontakt mit sozialpädagogischen oder fürsorgerischen Betreuern. Schulschwierigkeiten, Gewalt, Alkohol, Gefühlskälte und Gleichgültigkeit spielen eine besondere Rolle in ihrem Leben. Häufig bietet ihr sozio-kulturelles Milieu auch ein Muster, in dem Straftaten zur Problemlösung dienen sollen. Fast alle Klienten sind Mehrfach- oder Wiederholungstäter und haben entsprechende Erfahrungen mit Instanzen der Rechtspflege. Ihre Straftaten umfassen den Bereich der Eigentumsdelikte, Aggressionshandlungen und sog. Rohheitsdelikte.

Transaktionsanalytisch beschrieben zeigen sich hier Persönlichkeitsstrukturen, die sehr viele destruktive Anweisungen und Zuschreibungen in ihrer Eltern-Ich-Haltung gespeichert haben. Die wenigen positiven Botschaften sind häufig unglaubwürdig oder grandios übertrieben, wie z. B.: „Aus dir wird mal was ganz Großes". Ihre Kind-Ich-Haltung beinhaltet Überlebensschlußfolgerungen, wie z. B.: „Nur, wenn andere nicht merken, was ich will, erreiche ich, was ich will", oder „Ich kriege, was ich will, selbst wenn ich dabei draufgehe".

Oft sind diese Jugendlichen in unguten symbiotischen Beziehungen aufgewachsen. Dabei wählen sie die entsprechende Rolle, die sie in der ursprünglichen Familie ersetzen mußten, meistens auch in späteren symbiotischen Beziehungen. Hatten sie zum Beispiel in unangemessener Weise eine Elternrolle zu übernehmen, um für Mutters emotionale Balance zu sorgen, so brechen sich ihre unterdrückten Bedürfnisse nach Abhängigkeit und „Geführtwerden" häufig durch Straftaten ihre Bahn, durch die andere Personen gezwungen werden, Verantwortung und Sorge zu übernehmen, sei es auch in Form von Verfolgung und Strafe. Hatten sie zu lange die Kindrolle inne, d.h., mußten sie in unangemessener Form „klein" bleiben, so kann Straffälligkeit eine – destruktive – Möglichkeit sein, sich „Freiräume" zu erobern. Der Betroffene bleibt auf diese Weise länger „klein" und „sorgt" weiter für Mutter, indem er seine persönlichen Fähigkeiten nicht nutzt.

Zudem leiden die Jugendlichen und Heranwachsenden durch das Fehlen der nährenden Botschaften in ihrer Eltern-Ich-Haltung unter einem erheblichen Mangel an gesunder Stimulation. Dadurch fehlt ihnen positives Streicheln. Entsprechend ihrer frühen Erfahrungen suchen und provozieren sie daher ersatzweise vermehrt bedingtes und unbedingtes negatives Streicheln (s. Bd. I, S. 54). Häufig entwickeln sie dabei eine Vorliebe für Nervenkitzel und Aufregung, um die Leere und den Hunger nach Streicheln, Ansprache und Reizen nicht spüren zu müssen.

Darüber hinaus befinden sich die Jugendlichen in der Zeit des Heranwachsens, einer Zeit, die für alle Menschen Ängste, Unsicherheiten, Krisen und das Bedürfnis nach Neuorientierung mit sich bringt. Durch die beschriebene Eingrenzung ihrer Persönlichkeit auf bestimmte symbiotische Rollen wird die Bewältigung dieser Phase jedoch noch zusätzlich erschwert.

Gleichzeitig erleichtert die altersentsprechende Suche nach Neuorientierung aber auch die Beratungsarbeit. Doris S. macht diesen Jugendlichen erfahrbar, daß sie trotz ihrer unglücklichen

Lebensumstände für sich selbst verantwortlich sein können. Dazu fokussiert und unterstützt sie eigenständiges Denken und Handeln und schafft Raum und Erlaubnis für das Erleben, eine eigenständige Person zu sein, die sich von anderen, d. h. auch von den Eltern, unterscheidet. Dabei verstehen die Jugendlichen oftmals, daß ihre Straftaten häufig aus einer Spannung zwischen dem Bedürfnis nach Abhängigkeit und Umsorgtwerden einerseits und dem Bedürfnis nach Autonomie und Selbstverwirklichung andererseits resultieren. Summa summarum vermittelt sie, daß und wie Gefühle, Erinnerungen und Fantasien aus der Vergangenheit das heutige Leben beeinflussen können.

In diesem Prozeß der neuen Erfahrungsbildung nimmt sie die Jugendlichen sehr ernst und achtet sie im Sinne der Grundhaltung „Ich bin etwas wert und du auch". Dabei lernen diese, auch selber ihr Bedürfnis nach Autonomie und Selbstverwirklichung ernst zu nehmen und ihre aktuellen Abhängigkeitsbeziehungen zu hinterfragen. Dazu brauchen sie viel emotionale Unterstützung von Seiten ihrer Beraterin, um sich der Empfindungen von Angst, Einsamkeit, Frustration, Selbstverachtung und sexueller Verwirrung bewußt zu werden. Aber nur auf diese Weise können sie ihre ursprünglichen Bedürfnisse kennenlernen und sich Wege erobern, diese ohne Straftaten zu befriedigen.

Die spezifische Problemlage ihrer Klienten erfordert für die Beraterin somit ein gleichzeitiges Fördern und Fordern der Jugendlichen. Sie muß Forderungen stellen, um damit die richterliche Weisung zu erfüllen. Diese Forderungen sind auf Dauer jedoch nur zu erfüllen, wenn Wachstumsprozesse angestoßen und gefördert werden, die sich nur in einem Klima von Wärme, Akzeptanz und Achtung entfalten können.

Um die notwendige Klarheit und Balance zwischen Fordern und Fördern hinsichtlich der Ansprüche und Wünsche aller beteiligten Personen und Instanzen zu schaffen, bedient sie sich des sogenannten „Dreiecksvertrages", der, wie schon erwähnt, dann seine Anwendung findet, wenn die Zusammenarbeit nicht allein durch Klienten und Berater, sondern durch Dritte initiiert wird.

Dazu nun ein Beispiel: *Als Fred zur ersten Sitzung kommt, schreibt die Beraterin die an der Weisung und damit am Beratungsprozeß beteiligten Namen der Personen an eine Tafel und entwickelt gemeinsam mit Fred die jeweiligen Erwartungen.*

Sie fragt den Jugendlichen, ob er sich noch an die Erwartungen erinnern kann, die der Richter an seine Weisung geknüpft hat. Falls der Jugendliche diese noch erinnert, werden sie notiert. Manchmal jedoch muß die Beraterin „nachhelfen", weil die Jugendlichen sich ungern an die Verhandlung erinnern.

Deshalb verwendet sie viel Zeit – manchmal mehrere Sitzungen – auf die Besprechung dieser Erwartungen. Bereits in diesem Prozeß beginnt sie, ihre Klienten zum Denken und zur Selbstverantwortung anzuregen, indem sie auf der Ebene der Erwachsenen-Ich-Haltung dessen an ihre Eltern-Ich-Haltung gerichteten Transaktionen durchkreuzt.

Fred	*Beraterin*	*Erläuterungen*
(Gelangweilt:) Ich weiß sowieso nicht was ich hier soll. (1)		
	Erinnerst du dich noch daran, welche Erwartungen der Richter an dich hat? (2)	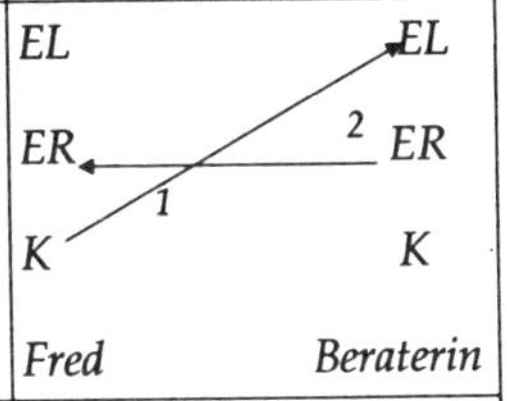
Nö, das war ja alles so hektisch, und ich hatte sowieso n' dicken Kopf.		
	Erinnerst du dich an etwas, was dich besonders getroffen hat?	*Beraterin geht nicht auf seine Passivität ein und durchkreuzt die Transaktion erneut.*
Mich trifft gar nix ... (Das letzte Wort ist sehr gedehnt.)		

Fred	Beraterin	Erläuterungen
	... außer?	
Das mit den Freunden.		*Allmählich besetzt er sein Erwachsenen-Ich mit Energie.*

Ganz langsam erarbeitet die Beraterin so die Erinnerung an den Standpunkt des Richters und notiert dessen Aussagen dann an die Tafel (s. Abb. 6, S. 63).

Richter: „Der Jugendliche darf keine Straftaten mehr begehen, ist zu schüchtern und muß offen werden. Er hat die falschen Freunde und muß sich neue suchen."

In dieser Aussage ist unausgesprochen enthalten, daß der Jugendliche der eigentlichen Strafe entgeht, wenn er den Weisungen des Richters folgt.

Danach schildert die Beraterin ihre eigene Beratungsbereitschaft und ihre Erwartungen an den Jugendlichen. Auch diese Informationen werden notiert.

Beraterin: „Der Jugendliche übernimmt Verantwortung für das, was er erreichen will. Er begeht keine Straftaten mehr, sagt klar, ob noch weitere Anzeigen oder Strafverfahren ausstehen. Er hält Termine und Absprachen ein. Ich werde ihn dabei als Beraterin unterstützen."

Als nächstes wird das Vorhaben des Klienten erarbeitet. Anfänglich äußert der Klient vage Ideen, die eine oberflächlich soziale Überanpassung widerspiegeln:

- *„Ich weiß eigentlich gar nicht, was das soll."*
- *„Du sollst mit mir über Probleme reden und sagen, was ich machen soll."*
- *„Ich brauche Arbeit."*
- *„Ich glaube, daß ich hier noch andere treffe."*

Indem die Beraterin mit ihm thematisiert, was es heißt, über Probleme zu reden, findet er heraus, daß er mit anderen nicht über Probleme spricht, weil er dann fürchtet, immer alles so machen zu müssen, wie die anderen es erwarten. Bei seinen „Freunden" meinte er dagegen, keine solchen Erwartungen gespürt zu haben. Deshalb hatte ihn die richterliche Aussage über die falschen Freunde so getroffen.

Abb. 6: Die am Dreiecksvertrag beteiligten Personen

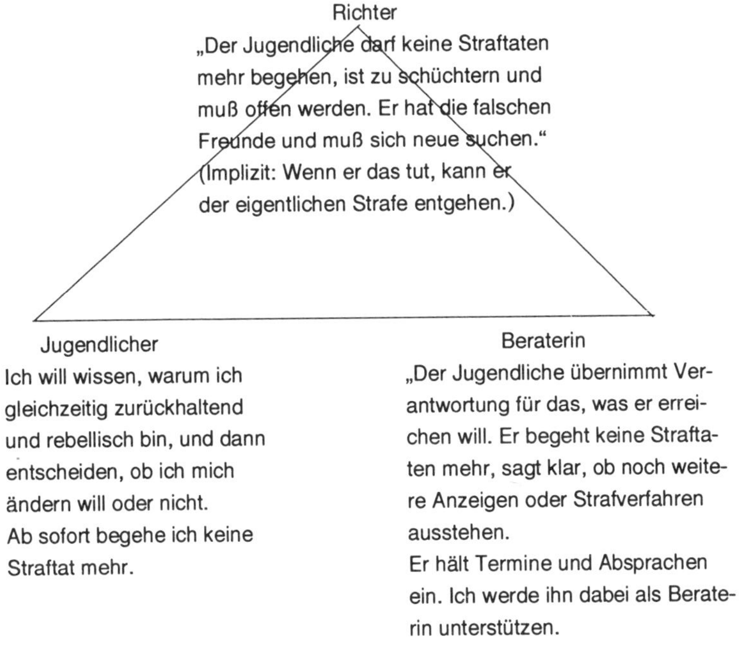

Indem die Beraterin mit dem Jugendlichen Klarheit über seine Position innerhalb des Dreiecksvertrages erarbeitet, nähert sie sich schrittweise ihrem ersten Beratungsziel, einem Verhaltensvertrag für den Jugendlichen, der dessen Position in dem Dreiecksvertrag ausfüllt. Gleichzeitig werden während dieser Erarbeitung bereits erste Wachstumsschritte eingeleitet und vollzogen. Außerdem achtet die Beraterin in dieser Phase in besonderer Weise auf mögliche versteckte Rebellion ihrer Klienten, mit der sie diese Verträge und Absprachen torpedieren könnten. Im Laufe der gesamten Beratungen wird es dann immer wieder zum Thema werden, ob die rebellischen Kräfte vom Jugendlichen konstruktiv oder destruktiv eingesetzt werden. Zu diesem Zweck fragt sie den Klienten z. B., was dieser gewöhnlich tut, wenn andere bestimmte Erwartungen an ihn haben. Wird beispielsweise die Antwort, „Dann mach ich's erst recht nicht", mit einem Grinsen begleitet, so vermutet sie den heimlichen Entschluß: „Ich wehre mich". Diesen spricht sie an und hilft damit den Jugendlichen, sich ihrer rebellischen Energie bewußt zu werden.

Auch Fred macht insgeheim, „was er will", obwohl er auf der sozialen Ebene von Beziehungen eher schüchtern und zurückhaltend ist. In den ersten Gesprächen erkennt er jedoch, daß seine rebellischen Anteile häufiger sein Handeln bestimmen als sein erwachsenes Denken. Nach sechs Sitzungen erarbeitet er einen Vertrag, der auch dieses Thema einschließt:

Vertrag: *Ich will wissen, warum ich gleichzeitig zurückhaltend und rebellisch bin, und dann entscheiden, ob ich mich verändern will oder nicht. Ab sofort begehe ich keine Straftat mehr.*

Dieser Vertrag wirkt der Rebellion entgegen, da er nicht vorgibt, was Fred bei sich verändern soll. Etwas wissen zu wollen und etwas zu entscheiden, sind zudem wichtige Schritte auf dem Weg zur Selbstverantwortung.

Mit dem Vertragsinhalt, keine neuen Straftaten zu begehen, hat der Jugendliche der Forderung des Richters und der Beraterin zugestimmt. Dieser letzte Teil ist in jedem Anfangsvertrag enthalten, den die Beraterin mit den Jugendlichen abschließt. Er ist die Voraussetzung dafür, daß die Beratung weitergeht und die Weisung nicht aufgehoben werden muß. Geschieht aber eine neue Straftat, so wird die Weisung abgebrochen und der Richter muß eine neue Entscheidung treffen.

Bis es zu einem ersten Vertragsabschluß kommt, gelten die allgemeinen Vereinbarungen: Sie verpflichten den Klienten, zur Sitzung zu kommen, und billigen der Beraterin das Recht zu, Dinge zu sagen, die ihr auffallen.

Insgesamt ist die Vertragsarbeit für die Arbeit mit jungen Straffälligen als ein wesentlicher Teil der gesamten Beratungsarbeit anzusehen. Denn ihr Abschluß erfordert Klarheit über sich selbst sowie das Recht auf Selbstbestimmung im Rahmen der gegebenen Forderungen. D. h., sie regt die Jugendlichen an, über sich selber nachzudenken. Und darüber hinaus ist es für viele das erste Mal in ihrem Leben, daß sie sich selbst ein persönliches Ziel setzen. Daher muß die Beraterin auch besonders darauf achten, daß der Vertrag nicht aus Überanpassung oder Rebellion geschlossen wird, um ein konstruktives Modell des Über-Sich-Nachdenkens mit den Jugendlichen zu gestalten. Denn nur durch eine „erwachsene" Entscheidung zu einer bestimmten Entwicklung und eine „erwachsene" Entscheidung, keine Straftaten mehr zu begehen, kann die Unfreiwilligkeit der Weisung sich zu einer Freiwilligkeit für Beratung entwickeln. Und nur durch diesen Schritt kann die Beratung erfolgreich werden.

In der Vertragsarbeit unterscheidet Doris S. zwischen harten und weichen Verträgen. Erstere beinhalten Ziele, deren Erreichung von außen gemessen bzw. überprüft werden kann, deren Inhalte aber oft auch vom Richter oder der Beraterin vorgegeben sind und erst dadurch zum Vertrag werden, daß der Jugendliche sie akzepiert.[13] Ein Beispiel dafür bietet Stefan:

Stefan, 14 Jahre, lebt allein mit seiner Mutter zusammen und hat wiederholt Diebstähle begangen. Er besetzt ausschließlich die angepaßte Kind-Haltung mit Energie und erzwingt so die Sorge seiner Umwelt, allen voran die seiner Mutter. Er schließt folgenden harten Vertrag ab:

---

13 Mit ihrer Definition unterscheidet sie sich von der in der Transaktionsanalyse gängigen Definition, daß der Inhalt von Verträgen (ausschließlich) vom Klienten bestimmt wird.

Es ist meine Sache, zur Stunde zu kommen und nicht die meiner Mutter. Fehle ich unentschuldigt, so beantragt die Beraterin sofort einen Anhörungstermin beim Richter. Ich bestimme, was wir in der Stunde machen.

Dieser ungewöhnlich lange und die Grenzen der Beratung betonende Vertrag, durch den Stefan gleichzeitig aber auch Freiräume in Besitz nehmen konnte, war notwendig, um von Anfang an seinem passiven System entgegenzuwirken. Er lebte in einer starken symbiotischen Verbundenheit mit seiner Mutter, schob ihr für alles und jedes die Verantwortung zu, und machte sich soweit abhängig von ihr, daß sie sogar darauf achten sollte, wann seine Beratungstermine stattfanden. Da ihm die Auseinandersetzung mit männlich-väterlicher Energie fehlte, entschloß sich die Beraterin, ihre rechtliche Möglichkeit eines Anhörungstermins beim Richter als Konsequenz eines Vertragsbruches in Aussicht zu stellen. Bei einem solchen Anhörungstermin hätte der Richter dann noch weitere klare Konsequenzen vermittelt, durch die z. B. ein Abbruch der Beratung und damit der Weisung erfolgen könnte. Demgegenüber konnte Stefan über den Inhalt der Sitzungen und ihre Dauer völlig frei verfügen. Er schwänzte keinen Termin und bat nach einiger Zeit darum, den Passus der sofortigen richterlichen Anhörung aus dem Vertrag zu nehmen. Die Beraterin kam diesem Wunsch nach und verstärkte damit sein aktives und verantwortliches Handeln. Nach einem Jahr hatte er sich etliche (mutterunabhängige) Freiräume erobert, z. B. die Freundschaft zu einem gleichaltrigen Mädchen. Er konnte darauf verzichten, sich durch Straftaten eine „Quasi-Freiheit" zu verschaffen.

Ein weicher Vertrag beinhaltet eine Veränderung, die nicht immer meßbar (im Sinne von außen überprüfbar) sein muß, z. B., liebevoller mit sich selbst umzugehen. Ein solcher Vertrag kann dann abgeschlossen werden, wenn der Betroffene bereits ausdrücken kann, daß er Bedürfnisse nach Veränderung in seinem Leben hat, aber noch nicht weiß, in welche Richtung er dazu seine Energie lenken soll.

Der sehr sensible Jürgen bspw. hat einige Straftaten als „Mitläufer" begangen und „weiß gar nicht recht, wie es dazu gekommen ist". Er schließt den Vertrag:

Ich will mich besser kennen lernen.

Ein solcher Vertrag führt zu einer Reflektion der alltäglichen Gefühle, Gedanken und Verhaltensweisen, und zieht danach meistens einen konkreten Änderungsvertrag nach sich.

Manchmal erklärt die Beraterin auch zuerst das Ich-Zustands-Modell, bevor es zu einem Vertragsabschluß kommt. Dazu verwendet sie häufig das vereinfachte Strukturmodell (s. S. 44).

Der 20jährige Gerd beispielsweise lebt allein und hat als seine erste Straftat einen bewaffneten Raubüberfall begangen. Durch die Erläuterungen zu den unterschiedlichen Haltungsmöglichkeiten einer Person erkennt er, daß er hauptsächlich aus der Eltern- und Erwachsenen-Haltung mit anderen Menschen in Beziehung tritt und daß er versucht, Bedürfnisse aus seiner Kind-Ich-Haltung primär im sozialen Rückzug, z. B. durch Lesen zu befriedigen.[14] *Er wählt diesen Rückzug, weil er anderen Menschen im Kontakt mißtraut. In den sechs vorangegangenen Beratungssitzungen war er der Frage danach, ob sein Raubüberfall auch noch andere Gründe als Geldmangel haben könnte, „erfolgreich" ausgewichen. Im Zusammenhang mit den Ich-Zuständen thematisiert die Beraterin die möglichen anderen Zusammenhänge erneut.*

---

14 Natürlich ist nichts dagegen einzuwenden, daß ein junger Mann liest. Wenn das Lesen jedoch zum Ersatzverhalten für eigentlich gewünschte soziale Beziehungen wird, so ist es skriptbestimmt und verstärkt die alte Erfahrung von Einsamkeit.

Gerd	*Beraterin*	*Erläuterungen*
	Was meinst du, macht ein Kind, wenn es niemand beachtet?	
Na ja, es bleibt wohl für sich und guckt, was Spaß macht.		
	Mmh, daß heißt, daß es einsam ist.	
Nee, dem geht's ja gut so.		
	Kannst du dir vorstellen, daß es auch darunter leidet, allein zu sein?	*Beraterin stimuliert die Bewußtheit für Bedürfnisse.*
(Ironisch:) Ja, jeder braucht ja mal 'nen bißchen Tätscheln.		
	Was tut es dann?	
Krachmachen, was tun, was andere ärgert.		
	Hast du etwas getan in der letzten Zeit, was andere ärgert?	
(Überlegt, lacht:) Ja, die Spielhalle überfallen!		*Die Beraterin entscheidet sich hier, das Lachen, das als „Galgenlachen"* bezeichnet wird, zu überhören.*
	Was hat dir das eingebracht?	

* Unter einem Galgenlachen versteht die Transaktionsanalyse das Lachen aus einer rebellischen Haltung, mit dem oft selbstzerstörerisches Verhalten begleitet wird.

Gerd	*Beraterin*	*Erläuterungen*
(Ironisch:) *Ärger, gute Worte.* *(Lacht hämisch.)* *Mein Vater ist ausgeflippt und hat der Richterin gute Vorschläge gemacht, wie sie mich bestrafen soll. Die Polizei war sehr höflich, und das vor Gericht war auch ne' gute Show.*		
	Und jetzt sitzt du hier ...	*Die Beraterin will eigentlich nur auf die Konsequenzen seines Verhaltens hinweisen, stimuliert jedoch unbeabsichtigt einen weiteren Reflektionsprozeß.*
Du meinst, ich wollte Hilfe haben?		
	Wolltest du?	*B. nimmt die weiterführende Reflexion des Klienten auf.*
Na ja, irgendwie stimmt das.		
	Sag mal, was stimmt.	*B. regt ER-Denken an.*
Ich war total sauer auf meinen Vater, weil der mir den Unterhalt nicht geschickt hat, weil ich angeblich nichts arbeite. Ich wußte nicht weiter, mit der Miete und so.		
	Du hast also eine Straftat begangen, anstatt dir Hilfe zu holen?	*Die Beraterin „kristallisiert" das Problem aus den unterschiedlichen Informationen heraus.*
Ja.		

Gerd	*Beraterin*	*Erläuterungen*
	Willst du aus diesem Wissen Konsequenzen für unsere Zusammenarbeit ziehen?	*Hinführung zum Vertrag*
Ja, ich wär ja blöd, wenn ich das nicht täte. Ich mach sowieso keine Straftaten mehr.		
	Prima! Willst du herausfinden, was die Konsequenzen für deine Gespräche mit mir bedeuten?	*Im Prozeß wird hier nicht ganz deutlich, daß es sich um eine verdeckte Transaktion handelt (s. Bd. I, S. 43), mit der ein Spiel eingeleitet werden kann. Die Beraterin hat sich jedoch entschieden, nur auf den sozialen Aspekt der Transaktion einzugehen. Auch dies ist eine Möglichkeit, wie man ein Spiel am Anfang „abfangen" und statt dessen erwachsenes Denken stimulieren kann.*
Das können wir machen?		
	Ja, willst du etwas verändern?	
Ja.		

Im weiteren Gespräch wird deutlich, daß er es bislang aus seinem Mißtrauen heraus ablehnte, Hilfe in Anspruch zu nehmen. Es kommt zu folgendem Vertrag:

„Ich nehme Hilfe an und spreche mein Mißtrauen aus."

Gerd hat diesen und weitere Verträge eingehalten und sich aktiv mit sich selbst auseinandergesetzt. Bis heute hat er keine neue Straftat begangen.

Die Arbeit mit Ich-Zuständen ist ein Kernstück in den Beratungen von Doris B.. Häufig bespricht sie konkrete Alltagsprobleme mit den Jugendlichen, wobei sie gemeinsam die dabei geschilderten Gedanken, Gefühle und Verhaltensweisen den einzelnen Haltungen der Person zuordnen. Die Jugendlichen sehen auf diese Weise, wie stark die Erwachsenen-Ich-Haltung durch unangemessene kindliche oder elterliche „Einflüsse" getrübt und wie wenig selbstbestimmt ihr Handeln deshalb ist.

Der 19jährige Christian z. B., mit häufigem Diebstahl und vorsätzlicher Brandstiftung straffällig geworden, arbeitet als Verkaufshelfer, nachdem er aufgrund seiner Straftaten seine Lehrstelle im 2. Lehrjahr verloren hat. Er lebt als Jüngster bei seiner Mutter und hat keinen Kontakt zum Vater. De facto lebt er in einer extrem symbiotischen Beziehung mit seiner Mutter, in der er sich passiv und abhängig verhält. Sein Skript ist geprägt von der frühen Entscheidung, nicht erwachsen werden zu wollen und damit so zu sein, wie Mutter ihn „braucht". Beim Beginn der Beratungen hat er keinerlei Vorstellungen davon, daß er sich aktiv verändern könnte. Die Beraterin hat ihn deswegen mit besonderer Betonung „kindlicher Haltungen" über die Ich-Zustände informiert. Sie hat die drei Aspekte der Kind-Ich-Haltung, den angepaßten, den rebellischen und den freien Teil, aus Pappe ausgeschnitten und heftet an einer Tafel immer den Teil an die oberste Stelle, der gerade das Verhalten von Christian bestimmt. So macht sie Christian die jeweilige Dominanz einer bestimmten Haltung deutlich. In der einen, auszugsweise geschilderten Stunde gibt sie ihm Rückmeldung darüber, daß sie ihn in den Beratungsstunden viel aktiver erlebt als zu Beginn der gemeinsamen Arbeit. Daraus ergibt sich der folgende Dialog:

Christian	*Beraterin*	*Erläuterungen*
Ja, ich mein, bei gewissen Dingen merke ich das schon, bloß das ist nicht so stark.		

Christian	*Beraterin*	*Erläuterungen*
	Hm, sag mal Christian, da hängen ja die drei Haltungen, die wir vor ein paar Wochen als bei dir sichtbar beschrieben haben.	
Hm.		
	Und kannst du mal gukken, was sich bis heute schon verändert hat?	*B. regt an, sich der Energieverteilung in den verschiedenen Haltungen bewußt zu werden.*
Der mittlere, „der will".		
	Was hast du da verändert?	*Mit dieser Frage lenkt die Beraterin den Blick des Klienten auf seine Erfolge im Hinblick auf Selbstbestimmung.*
Jetzt zeig ich, was ich will, oder sag es den Leuten oder mach es ihnen verständlich, was ich jetzt will. Und nicht hinterlistig, ich will jetzt das machen, und das braucht er nicht zu wissen. Jetzt kann von mir aus jeder wissen, was ich jetzt vorhab, in bezug auf Führerschein oder das Kaufen oder das Anschaffen.		
	D.h. auch, daß du sichtbarer bist für andere, andere kriegen jetzt schneller mit, was mit dir ist,	
Ja.		
	wo du stehst. Hm, sodaß der Teil, der will, viel mehr Energie hat.	
Ja.		

Christian	Beraterin	Erläuterungen
	Was meinst du, wo ist die Energie abgegangen?	
Beim oberen.		
	Bei der „Ich-will-nicht-Haltung".	
Ja, dem hab ich die Energie geklaut.		
	Und wie geht's dir dabei, daß du deine Energie verschoben hast, sozusagen intern?	
Gut. Besser als vorher. Man fühlt sich anders.		
	Hast du Worte dafür, inwiefern du dich anders fühlst?	
Selbstsicherer fühle ich mich jetzt. Ich weiß, daß ich's schaff. Ich hab mir vorher immer eingeredet, mit dem Führerschein, das schaffst du nicht, das ist viel zu schwierig. Jetzt muß ich mir immer einreden, das schaffst du doch! Weil, ich kenn Leute, die sind meiner Meinung nach nicht klüger als ich, und die haben den Führerschein schon. Dann rede ich mir ein, wenn du das schaffst, wenn die das schaffen, dann kriegst du das allemal hin.		*Der Klient bezieht sein Selbstvertrauen hier noch aus einem Vorgang, in dem er anderen gegenüber eine „ihr seid weniger Wert als ich" – Haltung einnimmt. Dies geschieht häufig am Anfang eines Prozesses, in dem Menschen um ihren Selbstwert ringen. Im weiteren Verlauf der Beratung wird der Klient lernen, seinen Wert zu empfinden, ohne andere Menschen dafür herabzusetzen. Für eine Reflexion dieser Thematik wäre der Klient zu diesem Zeitpunkt jedoch noch nicht zugänglich. Er könnte sich eher kritisiert fühlen und würde damit eine „Berechtigung" für seinen Rückzug haben.*

Christian	*Beraterin*	*Erläuterungen*
	Das hört sich ja so an, als wärst du dabei, dir selber zu trauen.	
Ja.		
	Und zu merken, daß du was kannst.	
Ja.		
	Hm, das freut mich.	

In den weiteren Stunden erfährt Christian, wie er sich durch den Gedanken, „daß alles ja so schwierig ist", verweigert und seine Energie nicht für sich einsetzt. Dabei lernt er, daß unter einem „ich kann nicht" auch ein „ich will nicht" stecken kann. In der 20. Sitzung schreibt er sich als Motto für sein zukünftiges Leben den Satz:

„Ich erlaube mir, zu wollen"

auf ein großes Blatt Papier. Damit hat er begonnen, die Auswirkungen seiner frühen Entscheidungen zu verändern und sein „Erwachsen werden" in Besitz zu nehmen.

Für die Jugendlichen, die in ihrem Leben extrem viel Unsicherheit und Unzuverlässigkeit erlebt haben, sind die Festigkeit und die Spielfreiheit der Beraterin von größter Wichtigkeit. Gleichzeitig darf sie nicht rigide, sozusagen um des Prinzips willen an überholten Verträgen und Abmachungen (wie im Fall der richterlichen Anhörung) festhalten. Denn damit würde sie offene oder heimliche Rebellion und damit häufige Vertragsbrüche heraufbeschwören. Doris B. meistert diese Situation, indem sie ihre Vermutungen ausspricht und immer wieder ihren Standpunkt klarstellt.

Im folgenden Beispiel will der Klient die Beraterin zu einem Retterverhalten „verführen". Die Beraterin deckt dies auf, indem sie das Geschehen zwischen dem Klienten und sich mit Hilfe des Drama-Dreiecks (s. Bd. I, S. 66) analysiert.

Jochen	*Beraterin*	*Erläuterungen*
Der Monat ist erst zur Hälfte rum.		*Die psychologische Ebene dieser Transaktion enthält einen leicht fragenden Unterton, der die Beraterin aufmerksam macht.*
	Ja, das stimmt.	*Beraterin reagiert auf die soziale Ebene der Transaktion.*
Scheiße, ich muß dem Alten 100,- DM zurückgeben, der hat so'n Streß gemacht.		
	Ich weiß nicht, was du mir gerade damit sagen willst?	*B. macht durch die Frage bewußt, daß es sich um eine doppelte Transaktion handelt.*
Ich hab' keinen Tabak mehr und einkaufen kann ich auch nicht. (Kurze Pause) Dem könnt ich eins auf die Fresse hau'n.		*Klient reagiert „tangential", d.h., er knüpft an die Frage an, antwortet aber nicht genau darauf.*
	Willst du klären, was gerade zwischen uns beiden das Thema ist?	*B. läßt nicht locker darin, die doppelten Transaktionen bewußt zu machen.*
(Während ein Lächeln um seinen Mund huscht:) Wie, was meinst du mit „uns", ich rede doch gar nicht von uns.		
	Das stimmt. Du redest von dem, der dir das Geld geliehen hat. Und gleichzeitig löst die Art und Weise, wie du redest, was in mir aus.	

Jochen	*Beraterin*	*Erläuterungen*
Bedeutet es denn was?		
	Ja. Willst du das hören?	*Die Beraterin geht nur auf die soziale Ebene seiner Transaktion ein und nicht auf die psychologische, die zum Machtkampf einlädt.*
Ok.		
	Gut, dann will ich dir sagen, was es in mir auslöst. Ich fühle mich aufgefordert, Mitleid mit dir zu haben. Und wenn du ganz ehrlich bist, was würdest du dann am liebsten von mir wollen?	*Die Beraterin bringt ihr eigenes Erleben in das transaktionale Geschehen ein und ermöglicht dem Klienten zu erfahren, was sein Verhalten bewirkt.*
(Grinst über beide Ohren:) Das du die Kohle rüberschiebst.		
	(Lacht mit ihm gemeinsam ganz herzlich:) Ganz genau das habe ich gespürt. Und wollen wir jetzt mal fantasieren, wie das weiter gehen würde, wenn ich dir das Geld leihen würde.	*Hier „verstehen" sich zwei „rebellische Kinder". Dieses Miteinstimmen in ein Lachen, das jedoch auch zum Galgenlachen werden kann, wirkt sich für beide Beteiligten zunächst entspannend aus. Der Klient kann sich verstanden, anstatt ertappt fühlen. Es muß später jedoch* unbedingt *geklärt werden, daß der „rebellische Jochen" zwar kreative Wege gefunden hat, sich durchs Leben zu „schmuggeln" und seine Manipulationsversuche auch zum Mitlachen einladen, daß sie jedoch letztendlich destruktiv sind.*

Jochen	*Beraterin*	*Erläuterungen*
Das ist ja spannend.		
	Heißt das, wir wollen mal gucken?	*Die Beraterin klärt jeden Schritt mit einem „Mini-Vertrag", weil sie beim Klienten ein hohes rebellisches Potential vermutet. Sie vermeidet deshalb besonders, ihm etwas „überzustülpen".*
Ja, machen wir.		
	Was würde denn passieren, wenn ich dir die 100,- DM leihe und in vier Wochen zu dir sage: „Hallo Jochen, wo bleibt mein Geld?"	
Oh, dann würde ich sagen: „Nächste Woche kriegst du's ganz bestimmt."		
	Und wenn ich dann eine Woche später nochmal nachfrage?	
Dann würde ich auf die Tränendrüse drücken.		*Aus den Antworten, die ganz schnell kommen, und aus seinem offenen, strahlenden Gesicht ist deutlich zu erkennen, wieviel Spaß ihm die Analyse dieses fantasierten Spieles macht.*
	Und wenn ich dann auf meinem Geld bestehe?	
Dann würde ich dir sagen, daß du ne' Scheiß-Sozial-Ziege bist und daß du mich mit deiner Beratung am Arsch lekken kannst.		*Der vermeintliche Spielausgang wird vorweg genommen.*

Jochen	*Beraterin*	*Erläuterungen*
	(Noch einmal lachen beide zusammen:) Sehr richtig und dann wäre aus dem armen Opfer, was Schulden hat, und der guten Fee, die ihren Segen ausschüttet, ein böser Verfolger und eine sitzengelassene Beraterin geworden.	*Zum Lachen siehe obige Erklärung.*
(Grinst:) Und eigentlich wollte ich noch ein bißchen hier bleiben.		

Anschließend zeichnen beide den gesamten Prozeß mit Hilfe eines Drama-Dreiecks an die Tafel. Jochen fallen noch viele Gelegenheiten ein, in denen er sich nach dem gleichen Muster verhalten hat. Besonders wichtig ist der Hinweis der Beraterin, daß ein Abbruch der Beratung, der sich aus dem Spielverhalten ergeben würde, auch einen Abbruch der Weisung und damit erhebliche Konsequenzen nach sich ziehen könnte. Über diese möglichen Spielfolgen ist Jochen heilsam erschrocken.

Mit einem solchen (wie hier beispielhaft gezeigten) Verhalten hält die Beraterin dem „Austesten" stand. Sie läßt sich weder zur Retter- noch zur Verfolgerrolle verleiten. In ihrer eigenen kindhaften Haltung findet sie Verständnis für die von Jochen versuchten „Tricks" und kann mit Jochen gemeinsam über die dabei eingesetzte Kreativität lachen. Unbedingt notwendig ist dabei jedoch die erwachsene Beurteilung der schlimmen Konsequenzen, die das kindhafte Manipulationsverhalten haben kann. Denn durch den gemeinsamen Spaß allein könnte es zur „Verbrüderung" von zwei „rebellischen Kindern" (rebellischen Haltungen) kommen, durch die Jochens selbstschädigendes Verhalten verstärkt würde.

Es ist dies eine „Verführungsmöglichkeit", vor der die Beraterin sich immer auf's Neue hüten muß. Die Jugendlichen haben in ihrer Kindheit häufig extreme Erfahrungen von Lieblosigkeit und Gewalt gemacht und bewältigen den daraus resultierenden Schmerz durch ein rebellisches „Gegen-die-Welt-sein". Im Einfühlungsvermögen für diesen Schmerz und in Bewunderung für die rebellischen Überlebensstrategien kann eine Beraterin – häufig aus eigenen Rebellionstendenzen heraus – leicht „verführt" sein, sich mit den Jugendlichen „gegen die Gesellschaft" zu solidarisieren, häufig sogar ohne sich dessen bewußt zu werden. Diese „Solidarität" würde dann eine Retterposition begünstigen, die spätestens dann zur Verfolgerhaltung wird, wenn der Jugendliche, „obwohl die Beraterin auf seiner Seite steht", eine neue Straftat begeht. Insofern müssen BeraterInnen, die mit (jugendlichen) Straffälligen arbeiten, sich in besonderem Maße ihrer eigenen rebellischen Kraft bewußt sein.

Doris B. ist sich dieser Gefahr bewußt und bemüht sich, den Jugendlichen und Heranwachsenden gegenüber um eine Haltung, durch die sie erleben können, wie man mit Mißverständnissen und Spannungen umgehen, sie besprechen und lösen kann. Modellhaft zeigt sie, daß Erwachsene akzeptierend, liebevoll, konsequent und stark sein können und daß eine solche Haltung nichts mit Druck, autoritärem Gehabe und vor allem Abwerten oder „Niedermachen" des Gegenübers zu tun hat, selbst wenn sie auf ihren Forderungen besteht.

Auf diese Weise kann sie die Jugendlichen mit ihren persönlichen Fähigkeiten und Möglichkeiten in Kontakt bringen und ein Bedürfnis nach Autonomie wecken. Die Jugendlichen ihrerseits können eine Ahnung davon bekommen, daß es möglich ist, sein Leben selbst in die Hand zu nehmen. Und viele gehen diesen in der Beratung gewonnenen Weg offenbar weiter. So jedenfalls würde ich die sinkenden Rückfallquoten ihres Klientels interpretieren.

Einstellung der BeraterInnen

In diesem Buch war es mir ein Anliegen zu zeigen, wie die gleichen theoretischen Grundlagen und Handlungsanweisungen, die die Basis für ein Psychotherapiekonzept darstellen, genutzt werden können, um auch den Bedürfnissen und Notwendigkeiten einer spezifischen Beratungsklientel gerecht zu werden.

Sie werden im Mütter-Kurheim genutzt, um mittels behutsamer Informationen neue Wege aufzuzeigen, die Selbstverständlichkeit tradierter Rollen zu hinterfragen, Anregungen „in den Koffer zu packen" und die Klientinnen zu ermutigen, an sich selbst zu denken. In der Arbeit mit den jugendlichen Straffälligen sind andere Schwerpunkte zu setzen. Hier nehmen die Auseinandersetzung mit der eigenen Rebellion und das als Folge notwendige erwachsene Anerkennen von Normen und Werten einen größeren Raum ein.

Um diese Spezifikation erfolgreich leisten zu können, bedarf es gleicherweise des Fachwissens der Beraterinnen und ihrer spezifischen Kenntnis des Klientels wie auch ihrer intuitiven Auswahl und Verknüpfung dieser Kenntnisse mit genau jenen Elementen der Transaktionsanalyse, die dem jeweiligen Klientel zuträglich und innerhalb der gegebenen Rahmenbedingungen „machbar" sind. Gerade diese integrative Aufgabe erfordert spezifische Fähigkeiten der Beraterinnen und stellt darüber hinaus den Beratungsbereich gleichwertig neben den Bereich der Psychotherapie.

Diese Gleichwertigkeit zu betonen, ist mir wichtig. Denn vor allem in den ersten Jahren, als sich die Anwendung der Transaktionsanalyse im Beratungsbereich erst langsam entwickelte, erlebten sich viele Berater als „Hilfstherapeuten", die Psychotherapie aber als die eigentlich erstrebenswerte Aufgabe im psychosozialen Feld. Das hatte seine Ursachen nicht nur in den Wurzeln der Transaktionsanalyse, die sich trotz aller Betonung des vom

Gründer Eric Berne benutzten Ausdrucks „Sozialpsychiatrie" primär als psychotherapeutische Theorie und Methode verstand, sondern auch in der rechtlichen Verankerung von Psychotherapie in der Bundesrepublik. Denn infolge dieser Gesetzeslage werden nur Ärzte und Heilpraktiker rechtlich als Psychotherapeuten zugelassen, alle Personen aus anderen psychosozialen Bereichen – auch wenn sie an der Ausübung von Psychotherapie interessiert und (oftmals) auch praktisch mit ihr beauftragt sind – werden in das Feld der Beratung „abgedrängt". Obwohl diese Handhabung noch immer nicht endgültig „überwunden" ist, haben viele transaktionsanalytische Berater jedoch gerade durch die zuvor geschilderte Integrationsaufgabe eine völlig eigenständige Identität entwickelt, die sie nicht mehr nach der einzig „wahren" Tätigkeit Psychotherapie „schielen" läßt, sondern die es ihnen ermöglicht, stolz auf ihren spezifischen Umgang mit Transaktionsanalyse zu sein. Mit anderen Worten: Das Feld psychologisch/pädagogischer Beratung steht heute gleichwertig neben der Psychotherapie.[15]

Außer der integrativen Aufgabenstellung und der Gleichwertigkeit transaktionsanalytischer Berater will ich zum Abschluß dieses Buches nochmals die Haltung gegenüber den Menschen, mit denen die Berater arbeiten, besonders hervorheben. Braucht die Beraterin im Mütter-Kurheim besondere Empathie für eine Haltung von Frauen, die durch Fürsorge und Opferbereitschaft gekennzeichnet ist, so braucht die Beraterin in der Arbeit mit den Straffälligen Empathie für rebellisches Verhalten, die gekoppelt sein muß mit dem erwachsenen Vertreten realistischer Normen unserer Gesellschaft. Beide Aspekte der Einfühlung beinhalten jedoch auch Momente der „Verführung". So könnte das Leid und Elend vieler Frauen im Mütter-Kurheim leicht bewirken, daß die Beraterin zur „Retterin der Retterinnen" wird, oder daß sie die Aggressionen, die ihre Klientinnen nicht ausleben, dadurch aus-

15 Über die ebenso gleichwertige Entwicklung der Bereiche Pädagogik und Organisation soll in weiteren Bänden dieser Reihe berichtet werden.

lebt, daß sie ärgerlich Veränderungen fordert, weil das durch die jeweils individuellen Strukturen mitbedingte Leiden der Klientinnen nicht mehr auszuhalten ist.

Die Beraterin der jugendlichen Straffälligen könnte sich dagegen, wie es schon bei den Beispielen angeklungen ist, in ihrer Empathie unangemessen mit den rebellischen Anteilen ihrer Klienten identifizieren (besonders, wenn Richter schwierig sind und wenig psychologisches Einfühlungsvermögen zeigen). Oder sie könnte die gesellschaftlichen Forderungen aggressiv (verfolgend) vertreten, indem sie die Jugendlichen kritisch abwertet und damit aus der „Beratung jagt".

Um diesen Arten von „Verführung" entgegenzuwirken, besteht ein wichtiger Bestandteil transaktionsanalytischer Ausbildung darin, jene eigenen Persönlichkeitsanteile kennenzulernen und zu verändern, aus denen heraus man bereit wäre, in eine solche „Falle" hineinzugeraten (z. B. ein sog. „Helfersyndrom" oder eigene unangemessene, unbewältigte Rebellionsbedürfnisse). Dabei lernen Transaktionsanalytiker gleichzeitig, sich immer wieder neu gegen soziale Einladungen zur Überfürsorge oder eine überkritische Haltung abzugrenzen, ohne die Klienten dabei auszugrenzen. Das heißt, sie lernen und üben, daß diese Abgrenzung aus einer Haltung „Ich bin etwas wert und du auch" geschieht und nicht aus der Haltung „Ich bin etwas wert, aber du nicht" (s. Bd. I, S. 63). Denn nur die erstgenannte Grundhaltung schafft den im Anfang erwähnten Nährboden der Beziehung, aus dem heraus Wachstum möglich wird.

Trotzdem ist es in den hier dargestellten Arbeitsbereichen häufig sehr schwer, diese Haltung beizubehalten. Bei dem schnellen Wechsel der Klientinnen in Mütter-Kurheimen z. B., mit denen sie ja in der Regel nur über einen Zeitraum von vier Wochen zusammenarbeiten, müssen sich die Beraterinnen dieser Institutionen mit ihrer Bereitschaft zum Annehmen und Geben stets wieder neu auf immer wieder neue leidende Frauen einstellen. Dabei sind die Frauen häufig, gerade wenn sie kommen, in einer Krise, in der sie sich besonders mutlos und dem Leben ausgeliefert fühlen. D. h., die Beraterin muß bei gleichzeitiger Abgrenzung gegen Spiele (s. Bd. I, S. 66) oder symbiotische Beziehungseinladungen (s. Bd. I, S. 93) sehr viel Energien zur Verfügung stellen, um die Klientinnen „dort abzuholen, wo sie stehen", ohne selber dabei „auszubrennen". Das ist umso schwieriger, weil sie gleichzeitig nur selten Rückmeldung über die Langzeitwirkung ihres Einsatzes bekommen. Denn nur wenige Frauen melden sich nach dem Kuraufenthalt noch einmal. In diesem aus beiden Quellen gespeisten Ungleichgewicht liegt für die Beraterinnen die Gefahr des Ausbrennens. Je „ausgebrannter" und „leerer" aber sich eine Beraterin fühlt, desto weniger kann sie ihren Klientinnen mit einer echten „Ich bin etwas wert und Du auch"-Haltung begegnen. Daher besteht eine ihrer dringlichsten Aufgaben, um dieser Gefahr entgegenzuwirken, darin, dafür zu sorgen, durch andere Menschen in ihrem Leben genügend geeignete Zuwendung, Aufmerksamkeit und auch Ermutigung zu bekommen.

Auch in der Arbeit mit jugendlichen oder erwachsenen Straffälligen ist auf die Gefahr des Ausbrennens zu achten. Durch die längere Dauer ihrer Beratungsbeziehungen bekommen Beraterinnen hier zwar häufig wohltuende Rückmeldung über den Einsatz ihrer Energie, gleichzeitig sind sie jedoch gerade am Anfang von Beratungsbeziehungen extremen rebellischen Spielangeboten ausgesetzt. Manche Jugendliche „testen" immer wieder, ob sie sich auf eine solche Beziehung verlassen können, indem sie den Beziehungsabbruch anbieten. Andere verstecken ihre Verletzungen hinter einem hohen Maß an Aggression, die sich gegen die Beraterinnen als Vertreterinnen der Erwachsenenwelt richtet. Wieder andere „drohen" mit neuen Straftaten, wenn die Berater sich nicht ihren Erwartungen entsprechend verhalten. Um diesen „Attacken" standzuhalten und die darin verborgenen Sehnsüchte nach Liebe, nach Geborgenheit und Vertrauen-Können nicht aus dem Auge zu verlieren, brauchen die Beraterinnen de facto ein hohes Maß an Selbstvertrauen und Reflektionsvermögen. Und um darüber hinaus noch eine langfristig annehmende Haltung ihren Klienten gegenüber durchhalten zu können, brauchen auch sie Geborgenheit und Zuneigung von anderen Menschen.

Trotzdem wäre es grandios, zu glauben, daß die Beraterinnen immer und zu jeder Zeit ihre Haltung beibehalten könnten. Auch sie spielen manchmal Spiele und auch sie sind ab und zu überheblich oder verfolgend kritisch, ihre Arbeit wäre jedoch ohne ein immer wieder neues Anstreben einer akzeptierenden Grundposition auf Dauer wenig erfolgreich.

Insofern ist Beratung anderer Menschen für Berater immer auch – und darin besteht eine Übereinstimmung mit Psychotherapeuten – Auseinandersetzung mit sich selbst.

Literatur

BABCOCK, D.E. & KEEPERS, T.D., Miteinander wachsen: Transaktionsanalyse für Eltern und Erzieher. Dt. Bearbeitung von H. Harsch. München: Kaiser, 1980

BERNE, E., Spiele der Erwachsenen: Psychologie der menschlichen Beziehungen. Reinbek: Rowohlt, 1970

ENGLISH, F., Es ging doch gut – was ging denn schief? Beziehungen in Partnerschaft, Familie und Beruf. Mit einer Einleitung von Martin Koschorke. München: Kaiser, 1982

GOULDING, M. & GOULDING, R.L., Neuentscheidung: Ein Modell der Psychotherapie. Mit einem Vorwort von Rüdiger Rogoll. Stuttgart: Klett-Cotta, 1981

HAGEHÜLSMANN, U., Transaktionsanalyse – Wie geht denn das? Transaktionsanalyse in Aktion I. Paderborn: Junfermann, 1992

HAGEHÜLSMANN, U. & HAGEHÜLSMANN, H., Transaktions-Analyse. In: CORSINI, R.J. (Hrsg.), Handbuch der Psychotherapie. Hrsg. und Bearb. d. dt. Ausg.: Gerd Wenniger. Weinheim, Basel: Beltz, 1983, 1315-1356

HARSCH, H. & JESSEN, F., Transaktionsanalyse: Tauschhandel der Gefühle. In PETZOLD, H. (Hrsg.), Wege zum Menschen. Band II. Paderborn: Junfermann, 1984

JAMES, R. & JONGEWARD, D., Spontan leben: Übungen zur Selbstverwirklichung. Reinbek: Rowohlt, 1974

NAGEL, N., Erlaubnis zum Wachsen: Beiträge aus der Arbeit mit Transaktionsanalyse in Pädagogik und Erwachsenen- bildung. Paderborn: Junfermann, 1992

ROGOLL, R., Nimm dich, wie du bist. Freiburg, Basel, Wien: Herder, 1976

STEINER, C., Wie man Lebenspläne verändert: Die Arbeit mit Skripts in der Transaktionsanalyse. Paderborn, Junfermann, 1982

STEWART, I., Transaktionsanalyse in der Beratung: Grundlagen und Praxis transaktionsanalytischer Beratungsarbeit. Paderborn: Junfermann, 1991

STEWART, I. & JOINES, V., Die Transaktionsanalyse: Eine Einführung in die TA. Freiburg, Basel, Wien: Herder, 1990